REFLEXIONES DIARIAS DE EL SECRETO

The Secret®

Reflexiones Diarias de El Secreto

Rhonda Byrne

ATRIA ESPAÑOL

Nueva York Londres Toronto Sídney Nueva Delhi

ATRIA ESPAÑOL
Una división de Simon and Schuster, Inc.
1230 Avenue of the Americas
New York, NY 10020

www.thesecret.tv

Primera edición en cartoné de Atria Español, julio 2014

Para obtener información respecto a descuentos especiales en ventas al por mayor, diríjase a Simon & Schuster Special Sales en el 1-866-506-1949 o a la dirección electrónica business@simonandschuster.com.

Traducido por Martín Monreal.
Edición de la traducción por Carlos Verdecia.
Diseñado por Gozer Media P/L (Australia), www.gozer.com.au, dirigido por El Secreto.

Impreso en China

10 9 8 7 6 5 4

Se ha solicitado número de la Biblioteca del Congreso.

ISBN 978-1-4767-6447-4
ISBN 978-1-4767-6503-7 (ebook)

"Cuando conozcas esta gran ley, cobrarás conciencia de cuán poderoso eres, al ser capaz de PENSAR tu vida y dotarla de existencia".

Rhonda Byrne

El Secreto

Dedicado a ti

El Secreto contiene principios claros sobre cómo vivir tu vida de acuerdo con las leyes naturales del Universo, y lo más importante para toda persona es VIVIRLA. Sólo puedes convertirte en dueño de tu vida VIVIÉNDOLA.

Según avanzamos a lo largo de un año de reflexiones, la claridad, comprensión y sabiduría que recibirás cada día te ayudarán a vivir las leyes que gobiernan a los seres humanos, de manera que puedas verdaderamente convertirte en el amo de tu vida.

Que la dicha esté contigo,

Rhonda Byrne

Para cambiar tu vida rápidamente, usa la gratitud para alterar tu energía. Cuando deposites toda tu energía en la gratitud, verás los milagros que ocurrirán en tu vida.

Para cambiar las cosas rápidamente, comprométete a hacer una lista de cien cosas por las que estás agradecido cada día, hasta que veas el cambio. Y SIENTE la gratitud. Tu poder reside en SENTIR lo que pongas en las palabras de gratitud.

Día 2

Cualesquiera que sean los sentimientos que llevas dentro, están atrayendo tu porvenir.

Las preocupaciones atraen más preocupaciones. La ansiedad atrae más ansiedad. La infelicidad atrae más infelicidad. La insatisfacción atrae más insatisfacción.

Y...

La alegría atrae más alegría. La felicidad atrae más felicidad. La paz atrae más paz. La gratitud atrae más gratitud. La bondad atrae más bondad. El amor atrae más amor.

Tu tarea es *interna*. Para cambiar tu mundo, lo único que tienes que hacer es cambiar la forma en que te sientes por dentro. ¿Cuán fácil es eso?

El Universo está guiándote y comunicándose contigo cada segundo de tu vida. Está respondiendo a tus pensamientos y dándote invaluables respuestas a través de tus sentimientos. ¡Tus sentimientos son comunicaciones cósmicas! Los buenos sentimientos significan: BIEN PARA TI. Los malos sentimientos sirven para llamar tu atención y hacer que cambies lo que estás enfocando.

Entra en sintonía con la comunicación cósmica que te acompaña cada día. Nunca estás solo, ni siquiera un segundo. El Universo está contigo en cada paso, guiándote. ¡Pero tienes que prestar atención!

Busca los regalos contenidos en todas las cosas, especialmente cuando enfrentas lo que parece ser una situación negativa. Todo lo que atraemos nos hace crecer, lo cual quiere decir que en última instancia todo ocurre por nuestro propio bien.

Ajustarse a un nuevo camino y a una nueva dirección requiere nuevas cualidades y habilidades, y estas cualidades siempre son exactamente las que necesitamos adquirir para lograr las grandes cosas que nos esperan en nuestra vida.

Día 5

No importa dónde estés, no importa cuán difícil puedan parecer las cosas, estás siempre moviéndote hacia la magnificencia. Siempre.

"La felicidad depende de nosotros".

Aristóteles (384–322 AC)

Día 7

Hay una palabra que, cuando se dice, tiene el insondable poder de cambiar completamente tu vida. Una palabra que, cuando sale de tus labios, te traerá la más absoluta alegría y felicidad. Una palabra que creará milagros en tu vida, borrará la negatividad y te traerá abundancia en todas las cosas. Una palabra que, cuando se dice y se siente con sinceridad, convoca todas las fuerzas del Universo a que muevan todas las cosas en tu favor.

Hay sólo una palabra interponiéndose entre tú, la felicidad y la vida de tus sueños...

GRACIAS.

Atraemos lo mismo que llevamos dentro. Cada circunstancia, cada persona y cada situación que atraemos y vivimos se basa en lo que llevamos dentro. ¿Puedes pedir un sistema más magnífico que éste?

Tu vida es un reflejo de lo que llevas dentro, y lo que llevas dentro siempre está bajo tu control.

Eres un ser humano único y magnífico. Entre miles de millones de personas que habitan el planeta no hay otra como Tú y tu mera existencia es vital para el funcionamiento de nuestro Universo, porque eres una parte de su totalidad. ¡Nada de lo que ves, nada de lo que hay, podría existir sin ti!

Día 10

He aquí un procedimiento simple y poderoso que puedes realizar todos los días para estar en armonía positiva con el Universo y la ley de atracción.

Siéntate cómodamente. Nota cómo te sientes y entonces relaja todo tu cuerpo. Cuando hayas relajado todo tu cuerpo relájalo un poco más. Y más. ¡Y más! Repite esta profunda relajación siete veces, cada vez relajándote lo más que puedas. Cuando hayas terminado, nota la diferencia entre cómo te sientes y cómo te sentías al comienzo.

¡Ahora estás más en armonía con el Universo y la ley de atracción!

Persiste, persiste, persiste, y alcanzarás un punto en el que los principios de El Secreto se convierten en rutina. Estarás más consciente de lo que la gente dice, especialmente cuando hablan de cosas que no desean. Estarás más consciente de lo que *tú* dices.

¡Alcanzar ese punto es una señal de que te estás volviendo cada vez más consciente! ¡Te estás volviendo más conscientemente alerta!

Día 12

Cada uno de nosotros está atrayendo cosas cada momento de nuestra vida. Por eso, cuando sientas que la ley no te está funcionando porque no tienes lo que deseas, date cuenta de que la ley *sí* está respondiéndote. Estás atrayendo lo que quieres o estás atrayendo la ausencia de lo que quieres.

La ley todavía funciona.

"La mayor revolución de nuestra generación es el descubrimiento de que los seres humanos, mediante cambios en la actitud interior de sus mentes, pueden cambiar el aspecto exterior de sus vidas".

William James (1842–1910)

Día 14

Comenzar a hacer preguntas sobre la vida es una señal de progreso.

La Verdad de la Vida está al alcance de todos, como lo ha estado siempre, pero sólo los que preguntan reciben respuestas y descubren la verdad. Cuando hacemos preguntas con el deseo profundo de conocer las respuestas, las atraemos en una forma que podemos entender.

Para recibir respuestas en la vida debes comenzar a preguntar.

El amor es el poder más grande que tenemos para estar en completa armonía con la ley de atracción. Mientras más amor sentimos, más grande es nuestro poder. Mientras más amor desinteresado sentimos, más insondable es nuestro poder.

La ley de atracción ha sido llamada la ley del amor porque es un regalo de amor para la humanidad. Es la ley por la cual podemos crearnos vidas increíbles.

Mientras más amor sentimos, mayor es nuestro poder para crear una magnífica vida de amor, alegría y armonía.

¿Cómo se siente estar en armonía con el Universo?

Es la misma sensación de cuando flotas en el agua. Si estás tenso o te resistes al agua, te hundes. Si te dejas llevar, el agua te sostiene y flotas. Ésa es la sensación, y así es como entras en armonía con el Universo.

¡Déjate llevar y flota!

Según la ley de atracción, la forma de erradicar una enfermedad es no combatirla. Si decides combatir la enfermedad, te enfocarás en el combate y atraemos lo que enfocamos. Permite a los médicos hacer su labor y mantén tu mente enfocada en el bienestar.

Genera pensamientos de bienestar. Habla palabras de bienestar. Imagínate completamente saludable.

Día 18

Una de las cosas más importantes que puedes hacer para cambiar tu situación económica es separar el diez por ciento de lo que recibes y donarlo. Esto se conoce como la ley espiritual del diezmo y es la acción más importante que puedes tomar para atraer más dinero a tu vida.

Día 19

¿Por qué a menudo los dueños de automóviles de mejor calidad los mantienen impecablemente limpios y ordenados mientras que los automóviles más viejos a menudo están sucios y desordenados en su interior?

La diferencia es la evidencia del agradecimiento.

Agradecer lo que tienes atrae lo que quieres.

Es así cómo esas personas atrajeron los mejores automóviles.

"Nunca trates de obligar a otros a cambiar; déjalos en libertad de cambiar natural y ordenadamente por su propia voluntad y querrán hacerlo cuando vean que tu cambio valió la pena.

"Inspirar en otros el deseo de cambiar para bien es verdaderamente noble, pero sólo puedes lograrlo dejándolos en paz y ennobleciéndote más tú".

Christian D. Larson (1874–1962)

El Dominio del Ser

Día 21

Debajo de cada cosa aparentemente negativa habita el bien. Si podemos saber que el bien es todo lo que existe, incluso en situaciones negativas, entonces veremos esas situaciones negativas convertirse en algo bueno. La mayoría de las personas se distancian del bien porque califican algo de malo y, claro, eso se convierte en su realidad. Pero no hay nada malo en el Universo, es sencillamente nuestra incapacidad de ver las cosas claramente desde una perspectiva más amplia.

La paz proviene del conocimiento de que todo lo que existe es el bien.

Estás en asociación con la ley de atracción y es por medio de esa asociación que estás creando tu vida. Cada persona tiene su propia asociación personal con la ley de atracción. Tú usas la ley para ti; los demás la usan para ellos. No puedes aplicar la ley de atracción a otra persona *en contra de su propia voluntad.* Y cuando te detienes a pensarlo, es una bendición que la ley opere de esa manera. Si no fuera así, entonces cualquier persona podría crear algo en tu vida sin tú desearlo.

Estás creando mediante tus pensamientos y sentimientos y nadie más que tú puede pensar lo que piensas ni sentir lo que sientes.

Si un amigo está atravesando un período difícil, la manera de ayudarlo es asegurándote de no perder *tu* alegría. Tus buenos sentimientos ayudarán a animarlo. También puedes ayudarlo orientando la conversación hacia lo que él desea. Si la conversación se desvía hacia lo que no desea, continúa guiándola gentilmente hacia lo que quiere. También puedes hablarle como si sus tiempos difíciles ya hubieran terminado y sugerir que imagine que todo ha pasado y que se ha llegado a una hermosa conclusión.

Conviértete en el que guía la conversación y lo ayudarás a mantenerse en sintonía con el Universo.

Puedes cambiar el curso de tu vida de oscuro a luminoso o de negativo a positivo. Cada vez que te enfocas en lo positivo traes más luz a tu vida y ya sabes que la luz disipa toda oscuridad. La gratitud, el amor y los pensamientos, palabras y acciones bondadosas traen luz y eliminan la oscuridad.

¡Llena tu vida con la luz de lo positivo!

Cuando apenas estás comenzando a administrar la frecuencia de tu ser (a través de tus pensamientos y sentimientos), puede que sientas que hay altos y bajos y que estás saltando de una frecuencia a otra. Este período es muy breve y en poco tiempo comenzarás a estabilizarte en una frecuencia más alta y luego más alta, ascendiendo cada vez más y más.

Aprender a caminar requirió cierta práctica, ¿cierto? Pero lo conseguiste con determinación. Esto no es diferente.

Día 26

"Sentir que mejores posesiones, de cualquier tipo, te traerán *por sí solas* alegría y felicidad, es una equivocación. Ninguna persona, lugar o cosa puede darte felicidad. Puede que te den una causa para ser feliz y una sensación de contentamiento, pero la Alegría de Vivir viene de nuestro interior".

Genevieve Behrend (1881–1960)

Tu Poder Invisible

AS ABOVE SO BELOW AS WITHIN SO WITHOUT

Para crear un mañana, esta noche cuando te acuestes, antes de dormir repasa tu día y siente gratitud por los buenos momentos. Si hubo algo que hubieras deseado que ocurriera de otra manera, revívelo en tu mente como hubieras querido que fuera. Cuando estés a punto de dormirte, di: "Dormiré profundamente y despertaré lleno de energía. Mañana será el día más hermoso de mi vida".

¡Buenas noches!

Cuando se trata de relaciones amorosas, a menudo las personas creen que desean a alguien en particular. Pero si lo piensas profundamente, en realidad no es esa persona en particular lo que quieren. Lo que realmente quieren es ser dichosamente felices con la persona *perfecta*. Y aun así tratan de decirle al Universo QUIÉN es esa persona. Si el Universo no responde positivamente, entonces ése es su mensaje, fuerte y claro: "Acabo de asomarme a veinte años en el futuro y la dicha y la felicidad que mereces no ocurrirán en esta relación".

¿Por qué creemos que podemos ver más que alguien que puede verlo todo?

El Planeta Tierra y la humanidad te necesitan. Te necesitan y es por eso que estás aquí.

Día 30

Tienes la capacidad de dar órdenes para cualquier cosa. He aquí algo que puedes usar para dar la orden de que los pensamientos negativos te abandonen:

"¡Váyanse! No tienen lugar en mi vida. Yo soy Espíritu. Sólo albergo los pensamientos buenos y perfectos del Espíritu".

Nunca se han pronunciado palabras más ciertas.

Desde el momento en que naces tienes un compañero cósmico que nunca se separa de ti. Este compañero cósmico tiene contactos increíbles y formas y medios ilimitados de lograr todo lo que deseas. El tiempo no es un obstáculo, el tamaño no es un obstáculo y el espacio no existe para tu compañero cósmico. No hay nada que tu compañero no pueda hacer por ti.

Lo único que tienes que hacer es cumplir las reglas cósmicas. Pide y cree sinceramente que, en el momento en que lo pidas, lo que deseas ya es tuyo.

Imagínalo: ¡Todo el Universo Cósmico jugando en tu propio equipo!

¿Sabías que si tu vida no estuviera cambiando, no existirías? Nuestro Universo, y todo lo que existe dentro de él, está cambiando constantemente porque está hecho de energía. La energía sólo puede existir si está siempre en movimiento y cambiando. Si la energía dejara de estar en movimiento, nuestro Universo entero y toda la Vida se desvanecerían.

Nuestras vidas son también energía, por lo que también deben estar siempre en movimiento y continuar cambiando. No puedes detener el movimiento y el cambio en tu vida, ni querrías hacerlo. La naturaleza cambiante de la energía nos da Vida. Es la causa del crecimiento de la Vida y es la causa de nuestro crecimiento.

Ten buenos pensamientos.

Habla buenas palabras.

Realiza buenas acciones.

Tres pasos que te traerán más de lo que eres capaz de imaginar.

"El pensamiento se manifiesta en la palabra. La palabra se manifiesta en la acción. La acción se convierte en hábito. Y el hábito se hace sólido en el carácter. Por eso, vigila el pensamiento y sus formas con cuidado. Y déjalo que brote del amor, que nazca de la preocupación por todos los seres".

Buda (circa 563–circa 483 AC)

La ley de atracción es impersonal. Funciona exactamente como una fotocopiadora. La ley está fotocopiando lo que piensas cada momento y enviándote una copia exacta que se convierte en tu vida. Esto facilita mucho tu capacidad para cambiar todo tu mundo.

Para cambiar el mundo exterior lo único que tienes que hacer es cambiar la manera en que piensas y sientes y la ley de atracción fotocopiará el cambio.

Día 36

Para cambiar nuestras vidas, en cierto momento tenemos que decidir si en lugar de seguir sufriendo vamos a vivir felices. Y la única manera de lograrlo es tomando la decisión de buscar cosas que agradecer, no importa lo que pase.

A medida que empezamos a enfocarnos en el lado bueno y brillante de las cosas, la ley de atracción responde enviándonos la fotocopia exacta de nuestros nuevos pensamientos. Y las cosas buenas empiezan a aparecer. Y luego más cosas buenas, y luego más...

Todos tenemos completa libertad de escoger cualquier cosa que queremos. El poder ya está en tus manos y eres tú el que elige cómo usar ese poder en tu propia vida. Puedes optar:

Por tener una vida más feliz hoy mismo o posponerla hasta mañana.

¿Qué se siente mejor? Elige.

Es muy importante que sientas gratitud por todo en tu vida. Mucha gente se concentra sólo en lo que más quiere y se olvida de estar agradecida por lo que ya tiene. Sin gratitud no puedes conseguir nada a través de la ley de atracción porque si no emanas gratitud, automáticamente estás emanando ingratitud. Sé proactivo y usa la frecuencia de tu ser para recibir lo que quieres.

Día 39

Una pantalla visual es una herramienta que te ayuda a crear en tu mente la imagen de lo que quieres. Cuando miras la pantalla visual estás imprimiendo la imagen de tu deseo en tu mente. Cuando te concentras en la pantalla visual estimulas tus sentidos y evocas un sentimiento positivo dentro de ti. Entonces tienes los dos elementos de la creación – tu mente y tus sentimientos – funcionando a su máxima potencia.

Einstein nos dijo que el tiempo no es más que una ilusión. Cuando entiendes y aceptas que el tiempo no existe, puedes ver que cualquier cosa que quieras en el futuro ya existe. Es por eso que cuando escribes, imaginas, o hablas de tus deseos, debes usar el tiempo presente. Haz brillar tu deseo en tu mente, tu corazón y tu cuerpo, y míralo aquí *ahora*.

Día 41

"Nadie es más preciado en este mundo que alguien que aligera la carga de otro".

Anónimo

Día 42

Has estado usando El Secreto toda tu vida; no ha habido una época en que no lo hayas estado usando. Lo usas aunque atraigas cosas que quieres o cosas que no quieres. Toda persona, hecho y circunstancia te llega – cada día de tu vida – a través de la ley de atracción.

Día 43

La clave de la visualización está en mantener la imagen moviéndose en tu mente y tú moviéndote en la imagen. Si mantienes la imagen en movimiento, como si fuera una película, podrás dominar la visualización rápidamente. Si la imagen se mantiene estática, resultará mucho más difícil visualizarla.

Mantén tu visualización ocupada con mucho movimiento y tu mente quedará tan cautivada que no podrá pensar en otra cosa.

Día 44

Cuando estás comenzando a crear intencionalmente, a veces es mejor concentrarse solamente en una cosa. Con la práctica llegarás a tener un gran poder para dominar tu energía y entonces podrás concentrarte en varias cosas al mismo tiempo.

Imagina que tu mente es una gran lupa con el sol brillando a través de su lente. Si mantienes la lupa quieta en un lugar, lograrás crear fuego. No hay ninguna diferencia entre una lupa y el sol y tu mente y el Universo.

Si estás comenzando a usar los principios de El Secreto, mi consejo es que te enfoques primero en la frecuencia de tu ser. Pide lo que quieres y luego TRABAJA en tu interior. TRABAJA para elevar la frecuencia de tu ser mediante tus sentimientos y pensamientos.

Sintoniza tu frecuencia para que esté en armonía con el Universo. ¡La frecuencia del Universo es una frecuencia de puro bien!

Si quieres atraer más dinero, haz listas de las cosas que comprarías con él. Rodéate de imágenes de las cosas que quieres sintiendo siempre que ya las tienes. Imagínate compartiendo esas cosas con las personas que amas e imagina su felicidad.

¡Eso es crear!

La fuerza del odio no existe. El odio es simplemente ausencia de amor, así como la oscuridad es ausencia de luz. La pobreza es ausencia de abundancia, la enfermedad es ausencia de salud, la tristeza es ausencia de alegría. Toda negatividad es simplemente la *ausencia* de algo positivo.

Es muy, muy bueno saber esto.

"El propósito de la vida es el auto-desarrollo. Perfeccionar nuestra naturaleza, ésa es la razón por la que estamos aquí".

Oscar Wilde (1854–1900)

El Retrato de Dorian Gray

Haz una pausa para pensar en todo lo que la naturaleza te da cada día para que puedas vivir. Y, sin embargo, la naturaleza nunca pide nada a cambio.

Eso es dar de verdad.

No hay dudas de que cuando usas la ley de atracción para el bien de todos estás conectándote con un gran poder. Sin embargo, la ley también está disponible individualmente para ti para que puedas vivir tu vida a plenitud. Tienes mucho que dar a los demás cuando vives tu vida plenamente.

Tu dolor y tu tristeza no ayudan al mundo. Pero tu alegría y tu vida vivida a plenitud lo convierten en un mejor lugar.

Si pasas el tiempo visualizando y nada ocurre, quiere decir que estás obstaculizando tu intención de alguna manera poderosa sin darte cuenta. ¿Qué estás pensando?¿Qué palabras estás diciendo?¿Qué acciones estás realizando? Si no estás seguro, pídele a la ley de atracción que te muestre cómo estás obstaculizando tu intención y se te mostrará claramente.

Día 52

Si quieres atraer agradecimiento por lo que haces, muévete por la vida agradeciendo y elogiando a otros.

Si encuentras faltas en los demás, estarás atrayendo que otros encuentren faltas en ti. Si juzgas a alguien, atraerás que otros te juzguen. Si agradeces a otros, atraerás agradecimiento. Primero debes lograr que la cualidad sea dominante en ti antes de poder atraerla en tu mundo exterior.

El mundo entero y cada pequeño detalle de tu día están mostrándote tu frecuencia interior. La evidencia de tu nivel de frecuencia está manifestándose cada momento a través de la gente, las circunstancias y los hechos que vives.

La vida refleja lo que llevas dentro.

Quienquiera que tenga pensamientos negativos acerca de alguien hace que esos pensamientos le regresen multiplicados. No importa cuánta gente esté pensando negativamente acerca de alguien; si esa persona es alegre, esos pensamientos nunca le llegarán porque están en otra frecuencia. En cambio, todos los pensamientos negativos se multiplican y regresan a la gente que los piensa.

Ninguna otra persona puede traer negatividad a nuestras vidas con sus pensamientos, a menos que permitamos que nuestra frecuencia descienda a su misma frecuencia negativa.

"Constantemente estamos transmitiendo pensamientos de mayor o menor intensidad y recogiendo sus resultados. No sólo nuestras ondas mentales ejercen su influencia sobre nosotros y otras personas, sino que tienen también un poder especial: atraen hacia nosotros los pensamientos de los demás, cosas, circunstancias, gente y también 'suerte', según el carácter del pensamiento que predomine en nuestra mente".

William Walker Atkinson

(1862–1932)

Vibración del Pensamiento

Para sentir una gran gratitud, siéntate y haz una lista de cosas por las que te sientes agradecido. Continúa haciendo tu lista hasta que tus ojos estén inundados de lágrimas. A medida que las lágrimas aparezcan, irás sintiendo las más hermosas sensaciones en tu corazón y en todo tu ser. Éste es el sentimiento de verdadera gratitud. Una vez que hayas vivido este sentimiento sabrás cómo recrearlo.

Este intenso sentimiento de gratitud es el sentimiento que quieres repetir cuantas veces puedas a lo largo de tu día. En poco tiempo habrás aprendido a traer ese sentimiento a tu cuerpo en cualquier momento casi instantáneamente.

La práctica te ayudará a lograrlo.

Pedir, Creer, Recibir – tres simples pasos para crear lo que deseas. Sin embargo, a menudo el segundo paso, *creer*, puede ser el más difícil. Y en cambio es el paso más importante que darás en tu vida. *Creer* excluye toda duda. Creer no vacila. *Creer* es la fe absoluta. *Creer* se mantiene firme más allá de lo que ocurre en el mundo exterior.

Cuando logras dominar el *creer*, has logrado tener control sobre tu vida.

Día 58

¿Sabías que si tratas de saber "cómo" tu deseo tomará forma, lo que haces es alejarlo? Cuando tratas de saber "cómo" puedes lograr que tu deseo ocurra, estás enviándole al Universo el enorme mensaje de que no has logrado ese deseo. Y si no emanas la frecuencia precisa del deseo dentro de ti, ¿cómo puede el Universo encontrar tu señal para enviártelo?

Eres un centro de transmisión del Universo. Cada segundo estás emitiendo una frecuencia hacia el Universo y cada segundo estás recibiendo transmisiones. Para crear lo que quieres debes telegrafiar tu deseo sin interrumpir la transmisión, y esto se logra manteniendo dentro de ti el conocimiento de que tu deseo se ha manifestado.

Pero si empiezas a pensar que tu deseo no se ha logrado y empiezas a dudar, habrás interrumpido la transmisión. El Universo habrá perdido tu señal y en su lugar habrá recibido tu nueva señal de que no tienes tu deseo. El Universo responde sin fallar a tu nueva señal y recibirás lo que estás transmitiendo: ¡que no has logrado tu deseo!

Lo único que tienes que hacer es regresar a la frecuencia de que ya *tienes* lo que deseas y el Universo podrá enviártelo.

El Universo tiene infinitas maneras de hacer que tus sueños se realicen y puedo asegurarte que, cuando tu sueño emana de tu interior, aparece en el mundo exterior en una forma que jamás podrías haber imaginado.

Solamente ocúpate de tu sueño y déjale el resto al Universo.

¿Cómo utilicé El Secreto para dejar de usar lentes para leer?

Hice mi petición y luego me imaginé sin lentes para leer en cualquier situación. Mi visión se aclaró en tres días. No noté los tres días que pasaron porque SABÍA que todo estaba resuelto desde el momento en que lo pedí. Si hubiera notado los tres días que pasaron, entonces habría estado percibiendo que no estaba resuelto. Creí totalmente y SUPE que estaba resuelto. Tuve una fe absoluta. Puedo decir fácilmente que me tomó tres días darme cuenta de que mis ojos veían claramente o que me tomó tres días ajustarme a mis ojos sanos. Esto es cierto porque supe desde el momento en que lo pedí que el deseo me había sido concedido y no me quedaba duda alguna. Desde el momento en que alcancé ese estado de conocimiento, mi vista se hizo clara en tres días.

"Si vivimos buenas vidas, los tiempos son buenos también. Como somos nosotros, así son los tiempos".

San Agustín De Hipona (354–430)

Nunca podremos atraer nada si no sentimos gratitud por lo que tenemos. Es más, si alguien sintiera una completa y definitiva gratitud por todo, jamás tendría que pedir nada porque todo le sería dado antes de que lo pidiese.

Ése es el poder de la Gratitud.

Día 64

Todo lo que tienes que hacer es pedir y creer, y luego instalarte en la frecuencia de recibir bienestar. No tienes que hacer nada más. El Universo realizará todas las movidas necesarias, incluyéndote a ti.

Cuando pides y crees, te estás quitando del camino para que el Universo pueda hacer su labor.

No te preocupes por los pensamientos negativos y no trates de controlarlos. Lo único que tienes que hacer es comenzar a tener buenos pensamientos todos los días. Siembra el mayor número de buenos pensamientos todos los días. A medida que empieces a tener pensamientos positivos atraerás más y más pensamientos similares que en un final borrarán por completo los pensamientos negativos.

Para permitirle al Universo que te mueva hacia cosas más felices y agradables en tu vida, necesitarás mirar a tu alrededor y agradecer las cosas buenas aquí y ahora. Busca la belleza y enumera las bendiciones del lugar donde te encuentras. La insatisfacción no traerá lo mejor y más feliz a tu vida. La insatisfacción te arraiga al lugar donde estás ahora pero la gratitud por lo que tienes atrae lo que es mejor y más feliz para ti.

¡Recuerda que eres un imán! ¡El agradecimiento atrae agradecimiento!

Día 67

Cuando un gran cambio de energía afecta nuestras vidas, a veces lo consideramos algo "malo" y, al resistirlo, nos causamos tristeza, dolor y sufrimiento. Pero siempre tienes otra opción.

En el Universo nunca hay una única manera y nunca estás atrapado sin salida, no importa lo que haya ocurrido. En cada circunstancia y momento de tu vida hay dos caminos disponibles para ti, uno positivo y otro negativo, y eres TÚ quien decide cuál de ellos tomar.

Día 68

Cuando pidas felicidad y una vida hermosa, no pidas solamente por ti, sino por todos. Cada vez que pidas algo mejor, no pidas solamente por ti, sino por todos. Pide abundancia y salud para ti, pero pide también que les sean dadas a los demás.

¿Te imaginas qué pasaría si seis mil millones de personas pidieran estas cosas para ti?

Día 69

"Si la mente de un hombre se purifica, también se purificará su entorno".

Buda (circa 563–circa 483 AC)

Para comprender cómo puedes tener pensamientos sin darte cuenta, detente ahora mismo, cierra los ojos y no pienses nada durante diez segundos.

Si, a pesar de haber decidido lo contrario, apareció algún pensamiento, sabrás que los pensamientos ocurren en tu vida sin tú saberlo. Si tu mente no te obedece ni se detiene diez segundos, ¿puedes imaginar la cantidad de pensamientos que se producen en un día?

Puedes cambiar esto y dominar tu mente. Lo único que necesitas es practicar el proceso de no tener pensamientos durante diez segundos. En corto tiempo verás que eres capaz de detener tus pensamientos durante diez, quince, treinta o cuantos segundos quieras hasta que seas tú quien decide si vas a tener un pensamiento o no. La paz que te llega cuando eres el amo de tu mente es indescriptible y te convertirás también en el amo de la ley de atracción. ¡Imagínalo!

Día 71

Si la "necesidad de dinero" forma parte de tu vibración, entonces seguirás atrayendo "necesidad de dinero". Tienes que encontrar la manera de ser feliz AHORA, sentirte bien AHORA y sentir alegría AHORA, sin dinero, porque esos grandes sentimientos son los que tendrás cuando *tengas* dinero.

El dinero no trae felicidad, pero la felicidad trae dinero.

Día 72

Si hasta ahora has tenido una existencia perfecta en la que todo te ha ido bien, puede que no tengas la determinación y el deseo de cambiar tu vida. Son todas las cosas aparentemente "negativas" que nos ocurren las que nos traen el gran deseo de cambiar las cosas. Ese inmenso deseo que crece en tu interior es como un fuego magnético y es tremendamente poderoso.

Siente gratitud por todo lo que hizo que ese fuego encendiera un deseo masivo en tu interior, porque ese fuego de deseo te dará fortaleza y determinación, y *lograrás cambiar tu vida.*

Toda palabra que dices tiene una frecuencia y, en el momento en que la dices, es enviada al Universo. La ley de atracción responde a todas las frecuencias y responde también a tus palabras. Cuando usas palabras fuertes, como "terrible", "espantoso" y "horrible", para describir una situación en tu vida, estás enviando una frecuencia igualmente fuerte y la ley de atracción debe responder enviándote esa frecuencia de regreso.

La ley es impersonal y lo que hace es sencillamente igualar tu frecuencia. ¿Ves lo importante que es hablar enfáticamente de lo que *quieres*, en vez de usar palabras fuertes para expresar lo que *no* quieres?

Día 74

Comienza a sentir que ya tienes lo que quieres ahora y continúa sintiéndolo. Será el mejor sentimiento del mundo. A medida que lo practiques, el sentimiento se hará cada vez más fuerte. Empezarás a sentir que ya tienes lo que deseas. Cuando logres eso, la ley deberá responder.

Recuerda que la ley nunca ha fallado en nada y que no fallará tampoco en tu caso.

¿Recuerdas cuán convincente era tu imaginación cuando jugabas y fantaseabas en tu niñez? Muy bien, lo mismo debes hacer cuando quieras algo. En secreto, dentro de ti, simula que ya lo tienes. Por ejemplo, si quieres tener amigos, simula o finge que ya tienes amigos fenomenales en este momento.

En el instante en que hayas inclinado la balanza imaginándote y sintiendo que tienes grandes amigos *en lugar de* notar que no los tienes, tendrás amigos fenomenales.

Esta sencilla fórmula funciona con todo.

"El hombre es lo que cree".

Antón Chéjov (1860–1904)

El Cuaderno de Antón Chéjov

Tus avances en el dominio de la ley de atracción se basan en aprender y luego poner en práctica lo que funciona mejor para ti.

Cada día puedes ver lo que has estado pensando a través de lo que está pasando en tu vida. Tu mundo entero es una película, mostrándote cómo te va. No estás en la oscuridad; estás obteniendo respuestas. Aprende de las respuestas. Observa aquellas cosas que te llegan fácilmente y reflexiona sobre lo que hiciste para que esas cosas te llegaran tan fácilmente.

Conócete a ti mismo y te convertirás en el amo de la ley de atracción.

Día 78

Nuestro estado natural es la alegría. Pensar negativamente, decir cosas negativas y sentirse miserable consume muchísima energía. Buenos pensamientos, buenas palabras y buenas acciones marcan el camino fácil.

Toma el camino fácil.

La sabiduría antigua que data de miles de años nos transmitió la verdad acerca de la gratitud. Todas las religiones mencionan la gratitud. Todos los sabios y salvadores del mundo demostraron el uso de la gratitud en todas sus enseñanzas. Los seres humanos más grandiosos que han vivido nos mostraron el camino con gratitud, y gracias a su ejemplo se convirtieron en luces brillantes de nuestra historia.

Seguramente ésta es la razón por la que Einstein decía "Gracias" ¡cien veces al día!

Día 80

La ley de atracción es como una fotocopiadora gigante que te devuelve exactamente lo que estás pensando y sintiendo. Si te llegan cosas en tu vida que no quieres, entonces es evidente que la mayor parte del tiempo no estás consciente de lo que estás pensando o sintiendo. Cobra *conciencia* de tus sentimientos para que cuando no te estés sintiendo bien puedas detenerte y cambiar tu estado de ánimo. ¿Cómo logras eso? Pensando cosas que te hacen sentir bien.

Recuerda que es imposible tener buenos pensamientos y sentirte mal porque tus sentimientos son el resultado de tus pensamientos.

El uso efectivo de las afirmaciones depende completamente de cuánto crees en ellas cuando las dices. Si no hay fe, la afirmación no es más que una frase sin ningún poder. Creer le añade poder a tus palabras.

Cuando crees en lo que dices lo estás dotando de existencia, sea lo que sea.

Día 82

"En cada palabra que usas hay un germen de poder que se expande y proyecta en la dirección que tu palabra señala y que finalmente se desarrolla hasta convertirse en tu expresión física. Por ejemplo, deseas estar consciente de la alegría. Repite entonces la palabra 'alegría' en secreto, persistente y enfáticamente. La repetición de la palabra 'alegría' establece una cualidad de vibración que hace que el germen de la alegría comience a expandirse y proyectarse hasta que todo tu ser esté lleno de alegría. Esto no es fantasía, sino la verdad".

Genevieve Behrend (1881–1960)

Tu Poder Invisible

Cuando te acuerdes, en cualquier momento del día di: "YO SOY ALEGRÍA". Repítelo cientos de veces al día, si quieres. Repítelo a menudo, pero hazlo con extrema lentitud, poniendo el mismo énfasis en cada palabra. YO – SOY – ALEGRÍA. Siente el significado de las palabras al decirlas lentamente y siente toda la alegría posible. Edifica cada día sobre ese sentimiento. Irás mejorando cada vez más y más.

Más que reaccionar a situaciones externas, sentir esa alegría dentro de ti cambiará tus circunstancias.

La alegría atrae alegría.

Escribe todas las buenas cualidades de todas las personas que conoces. Haz una lista enorme de todas las cosas buenas que ves en ti mismo. Elogia a la gente dondequiera que vayas. Elogia cada cosa que veas. Sé como un rayo de sol para quienes se crucen en tu camino y haz que su día sea mejor por haberte encontrado. Di "Gracias" a cada momento. Camina, habla, piensa y respira aprecio y gratitud.

Cuando hagas esto, tu vida exterior cambiará para reflejar el estado interior de tu ser.

Día 85

La ley de atracción es infalible y cada persona recibe lo que pide, aunque la mayor parte del tiempo no esté consciente de que está pidiendo lo que *no* quiere. La ley es de una belleza absoluta y responde y nos da tanto en cada momento para que podamos vivir nuestras vidas.

La ley nunca cambia; debemos aprender a vivir en armonía con la ley. Ésa es la tarea más importante de cada ser humano.

Día 86

Puedes convertir tu vida en un paraíso, pero la única forma de hacerlo es transformando también tu interior en un paraíso. No hay otra manera.

Tú eres la causa; tu vida es el efecto.

Día 87

Cuando te concentras con alguien en un problema que tiene, no estás ayudándolo a él *ni* a ti, porque ambos están añadiéndole energía al problema. Ambos están atrayendo más problemas "similares".

Sabiendo esto, es importante para ti y la otra persona enfocarse en lo que ambos quieren. Tienes que alentar a la otra persona a hablar de lo que quiere en lugar de hablar del problema, que es lo que no quiere. El problema surgió en primer lugar por la persona estar hablando o pensando acerca de lo que no quiere y hay que detener esa reacción en cadena. Ayuda a quienes te rodean, alentándolos a decir lo que quieren. Ésa es siempre la solución.

Los pensamientos negativos no te representan. Tu verdadera naturaleza es pura bondad. Por eso, si por casualidad te llega un pensamiento negativo, di para tus adentros: "Estos pensamientos no son míos ni tienen lugar en mi vida. Yo soy todo bondad y tengo sólo buenos pensamientos para mí y los demás".

¡Ahora estás diciendo la verdad!

He aquí una manera de frenar los pensamientos negativos: Enfoca tu mente en tu corazón. Respira profundamente, concentrándote en tu corazón. Concéntrate verdaderamente en sentir amor en tu corazón. Exhala manteniendo tu concentración en tu corazón y sintiendo amor. Repite esto un total de siete veces.

Cuando lo hagas correctamente, sentirás una gran diferencia en tu mente y en todo tu cuerpo. Te sentirás más tranquilo, más liviano, y habrás frenado esos pensamientos negativos.

"Con excepción de nuestros propios pensamientos, nada está absolutamente en nuestro poder".

René Descartes (1596–1650)

Día 91

Es importante recordar que son tus pensamientos y sentimientos los que juntos crean con la ley de atracción y no puedes separarlos. También recuerda que son tus sentimientos los que están resumiendo el estado de tu frecuencia general y diciéndote lo que estás creando en este momento.

Entonces, ¿cómo te sientes en este instante?¿Podrías sentirte mejor? Muy bien, entonces haz lo necesario para sentirte mejor.

Antes de cada viaje en automóvil usa el poder del Universo para determinar que el tráfico fluya sin esfuerzo, que estés relajado y feliz y que llegues a la hora perfecta.

¡Que tengas buen viaje!

Día 93

Incorporar la regla del justo intercambio en tu vida es vivir la ley de atracción.

Asegúrate siempre de ofrecer un intercambio justo, tanto en los negocios como en tu vida personal. En los negocios, entrega siempre más valor que el dinero que recibes. En tu vida personal, devuelve siempre lo que has recibido. Si has recibido apoyo de los demás en momentos en que lo has necesitado y luego alguien te pide lo mismo, asegúrate de devolver el apoyo que has recibido. Todo el apoyo te llega a través del Universo, por lo que cuando estás brindando apoyo, le estás devolviendo al Universo lo que te ha dado.

Esto es vivir de acuerdo con la regla del intercambio justo y vivir la ley de atracción.

Tu vida está en tus manos pero debes aprender a tener control sobre tus pensamientos. Todos tus problemas de miedos, fracasos y dudas existen porque tu MENTE te controla. Tu mente ha tomado el poder y eres esclavo y víctima de tus desatinados pensamientos negativos. Es así de simple. Toma el control de tu mente y tus pensamientos. Todos los días, poco a poco, vigila tus pensamientos.

Cuando aparezca un pensamiento negativo, elimínalo; no permitas que un pensamiento negativo se arraigue en ti y piensa en algo bueno. Ten más y más pensamientos buenos y pronto te llegarán automáticamente.

Para aquietar tu mente, siéntate cada día, cierra los ojos y simplemente observa tus pensamientos. No los resistas, sino observa cómo llegan a tu mente. Al observar cada pensamiento, desaparecerá. Practica esto todos los días y verás que cada vez mejoras más y más. Tu mente estará libre de pensamientos durante cinco segundos, luego diez y luego veinte.

Cuando puedas ordenarle a tu mente que se quede quieta y obedezca tus órdenes, imagina el poder que tendrás para crear lo que deseas.

Día 96

Recuerda siempre que tus sentimientos están supervisando tus pensamientos *por* ti. Tus sentimientos te dicen si albergas pensamientos buenos para ti o no. Si logras cobrar más conciencia de tu estado de ánimo, estarás más consciente del tipo de pensamientos que tienes. Tus sentimientos están telegrafiándote mensajes constantemente.

¡Escúchate!

Día 97

"Todo se origina en la mente y lo que buscas en el mundo exterior ya lo posees. Nadie puede tener un pensamiento situado en el futuro. Lo que piensas de algo constituye su origen".

Genevieve Behrend (1881–1960)

Tu Poder Invisible

Nunca estás solo en ninguna cosa que hagas, a menos que pienses que estás solo, lo cual es una idea escalofriante para cualquiera. Cuando sepas que el poder del Universo está respondiendo a cada pensamiento tuyo y está a la espera y listo para ayudarte a lograr cualquier cosa, tus miedos desaparecerán.

Tienes el más formidable aliado, con acceso a toda la energía que existe. Nada puede interponerse en su camino, y lo único que tienes que hacer por tu compañero Universal es creer.

La alegría es nuestro estado natural y tú lo sabes porque cuando estás en el estado contrario te sientes mal. Entonces, si la alegría es la verdadera esencia de tu ser, ¿te das cuenta que necesitas mucho más energía para generar negatividad que para ser naturalmente feliz?

Día 100

Otra manera fácil de utilizar la ley de atracción a tu favor es la siguiente:

Cada noche, antes de dormir, repasa en tu mente los buenos momentos del día y agradece profundamente cada uno de ellos. Piensa en el día siguiente con la intención de que sea un día fenomenal, lleno de amor y alegría, en el que te llegue todo lo bueno. Hazlo con la intención de que sea el mejor día de tu vida. Cuando despiertes por la mañana, ANTES de levantarte, declara nuevamente tus intenciones para el día y agradece profundamente como si ya lo hubieses recibido todo.

La frase "si tal cosa ocurre" contiene una poderosa frecuencia de duda. Cuando piensas o hablas de lo que quieres, descarta la palabra condicional "si" de tu vocabulario. ¿No te das cuenta de que cuando usas la palabra "si" no estás creyendo que lo que deseas ya te pertenece?

La ley de atracción no puede darte lo que quieres si expresas duda usando la palabra "si". Utiliza la palabra "cuando" al pensar o hablar de lo que quieres: "Cuando esto ocurra", "cuando haga esto", "cuando esté allí", "cuando esto llegue", "cuando tenga aquello". ¡CUANDO, CUANDO, CUANDO!

Lo sepas o no, hoy estás colocando una orden del catálogo del Universo para el futuro. Tus pensamientos y sentimientos predominantes hoy están creando una frecuencia que determina automáticamente tu vida futura.

Siéntete bien ahora y el resto del día y haz que tu futuro sea magnífico.

Debes ser feliz ahora para poder traer felicidad a tu vida mediante la ley de atracción. Es una fórmula simple. La felicidad atrae felicidad. Sin embargo, la gente utiliza muchas excusas para justificar por qué no pueden ser felices. Utilizan como excusas las deudas, la salud, las relaciones y todo tipo de razones para explicar por qué no pueden usar esta fórmula tan sencilla. Pero la fórmula es la ley.

Cualquiera que sea la excusa, a menos que empieces a sentirte feliz a pesar de ella, no podrás atraer felicidad. La ley de atracción te está diciendo: "Sé feliz ahora y, mientras lo sigas siendo, te daré una felicidad ilimitada".

"Un ser humano es parte de una totalidad que llamamos 'Universo', una parte limitada en tiempo y espacio. Cada cual vive sus propios pensamientos y sentimientos separado de los demás en un tipo de ilusión óptica de su conciencia. Esta ilusión es una especie de cárcel para nosotros, restringiendo nuestros deseos personales y los afectos de algunas de las personas más cercanas. Nuestra tarea debe ser liberarnos de esta prisión ampliando nuestro círculo de compasión para incluir a toda criatura viviente y a la naturaleza entera en todo su esplendor. Nadie está capacitado para lograr esto completamente, pero el esfuerzo por lograrlo es en sí una parte de la liberación y el fundamento de una seguridad interior".

Albert Einstein (1879–1955)

En los años 1900, *Émile Coué* (un psicólogo y farmacéutico francés) fue un pionero en la utilización de pensamientos positivos para ayudar a sanar. Parte de sus exitosos métodos de curación incluían la simple aplicación diaria de sus pacientes de esta consciente autosugestión: "Cada día estoy mejorando más y más en todo sentido". Ésta no es solamente una poderosa declaración de salud. Como puedes ver por las palabras, es una declaración poderosa para todas las áreas de la vida.

Cuando uses esta afirmación, pronúnciala lentamente y con total convicción del significado de cada palabra. Es el énfasis que ponemos en cada palabra lo que la hace poderosa.

Imagínate escribiéndole un correo electrónico al Universo sobre lo que quieres. Una vez que estás conforme con la claridad de tu mensaje presionas "Enviar" y ya sabes que el mensaje ha partido hacia el éter. También sabes que el servidor del Universo es un sistema automático que no cuestiona los pedidos por correo electrónico. Su tarea es satisfacer cada pedido.

Empezar a preocuparte y sentir estrés por no haber recibido lo que querías lo que hace es enviarle otro correo electrónico al Universo cancelando tu orden. Y luego te preguntarás por qué no has recibido lo que pediste.

Una vez que Pides, entiende que el Servidor del Universo es un sistema automático infalible que nunca falla ¡y espera tu pedido!

He aquí algo que puedes hacer y que es uno de los usos más poderosos de la ley de atracción. Este ejercicio es un maratón del acto de dar durante treinta días.

Cada día, durante treinta días consecutivos, debes dar. Da alegría, sonrisas, palabras cálidas, amor, agradecimiento y elogios a cada persona que veas, incluyendo a extraños, amigos y familiares. Habla desde tu corazón, dando lo mejor de ti cada momento del día, y haz que tu misión sea mejorar el día de cada persona con pensamientos y palabras amables.

Cuando das lo mejor de ti, te sorprenderá la velocidad con que todo te regresa.

Una vez que conozcas la ley de atracción, puedes realizar los mejores descubrimientos sobre ti mismo escuchándote hablar.

Cuando afirmas algo como un hecho indiscutible, date cuenta de que es algo que realmente crees y que es esa creencia lo que está creándolo en tu vida. Si al escuchar tus palabras y darte cuenta de que lo que estás diciendo no es lo que deseas, cambia inmediatamente y reformula tu oración con palabras de lo que quieres. Cuando prestas atención a tus palabras aprendes muchísimo sobre tu pasado y lo que has creado. De ese modo, cuando captas tus palabras y las cambias, ¡estás cambiado el curso entero de tu futuro!

El sentimiento negativo de desilusión te aleja de tu deseo. Para convertir la desilusión en un sentimiento positivo, empieza a pensar diciendo: "CUANDO mi deseo llegue voy a...", y llena el espacio en blanco.

Ésta es una excelente manera de empezar a creer y eso es lo que debes hacer.

Día 110

Me prometo...

Ser tan fuerte que nada pueda perturbar mi paz mental.

Hablar de salud, felicidad y prosperidad a cada persona que encuentre.

Hacerles sentir a mis amigos que en cada uno de ellos hay algo valioso.

Mirar el lado bueno de las cosas y hacer realidad mi optimismo.

Pensar sólo lo mejor, trabajar sólo para lo mejor y esperar sólo lo mejor.

Sentirme tan entusiasmado con los logros de los demás como con los míos propios.

Olvidar los errores del pasado y avanzar hacia logros aún mayores en el futuro.

Portar una expresión alegre en todo momento y ofrecerle una sonrisa a cada ser viviente que encuentre.

Dedicar tanto tiempo a mejorar mi persona que no me quede tiempo para criticar a los demás.

Ser demasiado grande para preocuparme, demasiado noble para la ira, demasiado fuerte para tener miedo y demasiado feliz para permitir la presencia de problemas.

Pensar bien sobre mí mismo y proclamarlo al mundo, no con palabras grandilocuentes sino con grandes acciones.

Vivir con fe en que el mundo entero está de parte mía, siempre que me mantenga fiel a lo mejor que hay en mí.

Christian D. Larson (1874–1962)

El Credo del Optimista

AS ABOVE SO BELOW AS WITHIN SO WITHOUT

No existe fuerza exterior que pueda afectar tu vida, a menos que le otorgues poder con tus pensamientos. El poder más grande está dentro de ti.

Utiliza el poder que hay dentro de ti y entiende que no existe para tu vida nada más poderoso en este mundo.

¿Cómo haces para no prestar atención a las cuentas por pagar cuando estás tratando de atraer dinero? Simulas, finges, creas juegos con esas cuentas para motivar a tu mente a que produzca buenos pensamientos. Haz que tu mente esté tan ocupada con simulaciones de lo que quieres que no le quede espacio para enviarte pensamientos de escasez.

Eres un ser creativo, así que encuentra la mejor manera de convertir tus cuentas y estados de cuentas bancarios en un juego simulado de abundancia.

Todos los días, o al menos una o dos veces por semana, toma unos minutos para concentrarte en verte alegre. Siente la alegría. Imagina que sólo hay alegría esperándote en la vida y visualízate disfrutando esa alegría. Al hacer esto el Universo movilizará a todas las personas, circunstancias y hechos para traerte esa alegría. No puedes estar alegre si tienes preocupaciones de dinero o de salud o problemas de relaciones con tu familia y amigos. Por lo tanto, deposita un poco de alegría en el banco del Universo con la mayor frecuencia posible. No existe una inversión más valiosa.

Que la alegría te acompañe.

Nuestro más alto poder es el amor y es algo que cada uno de nosotros posee en cantidades ilimitadas. ¿Cuánto amor entregas a otros en un día? Cada día tenemos una oportunidad de salir en posesión de este inmenso, ilimitado poder para derramarlo sobre toda persona y circunstancia.

Amor es apreciar, elogiar, sentir gratitud y decirles palabras amables a los demás.

Tenemos tanto amor para dar y, mientras más damos, más recibimos.

El Universo es bueno en todo sentido. Sin embargo, en situaciones difíciles, a menudo no podemos captar la situación completa. Incluso las situaciones que llamamos "malas" en realidad contienen un bien oculto. Observa cualquier situación desde una nueva perspectiva y busca lo bueno en ella. Si lo buscas, seguramente empezarás a encontrarlo y habrás hecho desaparecer la ilusión de dificultad y permitir que todo el bien salga a la superficie.

Si te encuentras en una situación negativa con alguien en tu vida, toma algunos minutos cada día para sentir amor en tu corazón por esa persona y luego lánzalo hacia el Universo. Hacer este pequeño esfuerzo te ayudará a eliminar cualquier resentimiento, ira o negatividad hacia esa persona.

Recuerda que el resentimiento, ira o cualquier tipo de emoción negativa atraerá todo de regreso hacia ti. Sentir amor atrae amor. Lo que sientes por otra persona lo atraes.

"Lo importante no es lo que te ocurre, sino cómo reaccionas".

Epicteto (circa 55 AD–circa 135)

Día 119

Absolutamente nada es difícil para el Universo crearlo a través de ti. Puedes crear cualquier cosa que deseas; todo lo que necesitas es vivir en armonía con la ley de atracción. Tú provees el molde de lo que quieres y el Universo lo llena.

Tu tarea es fácil. ¡Crea el molde en tu mente!

Platón dijo, “Conócete a ti mismo”. Y nunca fueron dichas palabras más importantes. Debes conocerte a ti mismo; lo que haces, lo que dices, lo que sientes y lo que piensas para ponerte en armonía con la ley.

Conócete a ti mismo.

Si te quejas de cosas de tu vida, estás en la frecuencia de la insatisfacción y no estás en posición de atraer lo que quieres.

Instálate en la frecuencia del bienestar con tus palabras y pensamientos. En primer lugar, te sentirás bien, y en segundo lugar, habrás entrado en la frecuencia para recibir más bienestar.

Si había una casa en particular que querías, o una relación o un trabajo que querías y no obtuviste, el Universo te está diciendo que no era lo suficientemente bueno para ti y no se ajustaba a tu sueño. También te está diciendo que tiene algo MEJOR y más digno de ti.

Algo mejor está en camino... ¡permítete sentir la emoción!

Tienes el poder de convertir cambios negativos en positivos, pero no puedes hacerlo si te resistes al cambio. Resistirte al cambio es elegir el camino negativo, pues te estás enfocando en el aspecto negativo, que trae aún más negatividad, dolor y tristeza.

Para convertir lo negativo en positivo debes buscar primero los aspectos positivos y buenos de la situación. En toda situación hay algo bueno y, a medida que busques lo que es bueno, la ley de atracción te lo irá presentando. Además, ordena que este cambio traiga una infinidad de cosas buenas y positivas, y ten la certeza y créelo en tu corazón que, al impartir esa orden, deberá cumplirse. Eso es elegir el camino positivo.

La ley de atracción es la más maravillosa de las leyes. Es inalterable y le otorga a cada persona aquello en lo que se enfoca predominantemente. No eres una excepción de la ley y es tuya para usarla en la forma que quieras.

La ley no puede fallar. Sólo necesitamos aprender a usarla correctamente.

"Somos lo que pensamos. Todo lo que somos se eleva con nuestros pensamientos. Hacemos nuestro mundo con nuestros pensamientos".

Buda (circa 563–circa 483 AC)

La gratitud no es más que palabras, palabras y palabras, a menos que la sientas profunda e intensamente. Para dominar realmente el poder de la gratitud debes practicar, practicar y practicar hasta que alcances la mayor profundidad de sentimiento y la más alta frecuencia.

Ésa es la gratitud en su forma más poderosa.

Las cosas que llegan más rápidamente a tu vida son aquellas en las que más CREES. Sólo puedes atraer lo que CREES, por eso debes CREER para recibir lo que quieres.

Cuando temes que algo ocurra, lo atraes por medio de la ley; aunque, afortunadamente, se requiere verdadera concentración y un miedo persistente para que finalmente ocurra. El nivel de emoción que inviertes en *no* querer que algo ocurra es muy poderoso. Al mismo tiempo, resulta casi imposible atraer lo que quieres cuando tienes tanto miedo al resultado que no quieres.

Deja de invertir tu miedo en lo que no quieres que ocurra y utiliza ahora esa poderosa energía a tu favor dirigiéndola hacia lo que quieres.

No importa lo que has estado pensando o sintiendo, tu poder para crear algo nuevo existe AHORA.

¿Qué son pensamientos negativos? La ausencia de buenos pensamientos.

¿Qué son emociones negativas? ¡La ausencia de buenos pensamientos!

Hay una diferencia entre sentir aprecio y gratitud por algo y sentir apego hacia algo. Aprecio y gratitud son estados de amor puro, mientras que el apego contiene temor – temor de perder o no tener aquello a lo cual estamos apegados. Cuando se trata de algo que quieres en tu vida, el aprecio y la gratitud lo atraen, el apego lo aleja. Si tienes miedo de no alcanzar lo que quieres, o de perder lo que tienes, entonces lo que sientes es apego.

Para deshacerte del apego, continúa moviéndote hacia un estado de aprecio y gratitud, hasta que puedas sentir que el miedo ha desaparecido.

He aquí una manera de verificar si estás en camino de atraer lo que quieres: ¿Te sientes tenso o ansioso?¿Te sientes presionado o estresado pensando cuándo llegará? Percibe tu cuerpo también. ¿Está suave y relajado?¿O está tenso? Si tienes sentimientos de tensión, vas por mal camino y esos sentimientos mantienen tu deseo lejos. Relájate, cálmate completamente y olvida tus preocupaciones acerca de cuándo, dónde o cómo llegará.

Cada vez que pienses en lo que deseas, relájate, relájate y relájate deliberadamente, y continúa relajando tu cuerpo hasta que puedas sentir que la tensión ha desaparecido por completo.

Día 132

"Piensa en toda la belleza que todavía queda
a tu alrededor y sé feliz".

Ana Frank (1929–1945)

El Diario de Ana Frank

Cuando las cosas cambian en nuestra vida, a menudo ofrecemos resistencia al cambio. Pero si entendieras la estructura del Universo, la vida y la creación, comprenderías que la vida *es* cambio y que nada permanece inmóvil. Todo es energía y la energía está en continuo cambio y movimiento. Si la energía permaneciera inmóvil, habrías desaparecido y no habría más vida.

Los cambios siempre ocurren por tu bien y el bien de todos. Es la evolución de la vida.

Si tomas un tiempo para hacer una lista de todas las cosas por las que estás agradecido y mantienes sentimientos de gratitud, te sentirás increíblemente bien cada día. Tu frecuencia será alta y avanzarás a lo largo de tus días enamorado de la idea de estar vivo, trayendo alegría adondequiera que vayas, afectando positivamente a una persona tras otra.

Cuando vivas la vida de este modo, todo lo que quieras te llegará antes de siquiera pedirlo.

Las emociones y pensamientos negativos necesitan tu atención y concentración para mantenerse vivos. No pueden sobrevivir si no les prestas atención. Si los ignoras y rehúsas prestarles atención, les estás drenando la vida y serán eliminados.

La mayoría de las personas pueden manifestar rápidamente las cosas más pequeñas. Esto se debe a que no encuentran resistencia alrededor de las cosas pequeñas y no generan pensamientos contradictorios. Cuando se trata de cosas grandes, en cambio, la gente a menudo emite pensamientos de duda o preocupación que contradicen esas grandes cosas. Ésta es la única diferencia en términos del tiempo que toma que algo se manifieste.

Nada es grande o pequeño para el Universo.

Día 137

El proceso de creación siempre tiene que ver con estar en armonía con lo que uno quiere. Nunca es sobre la ley de atracción. Un día tienes buenos pensamientos, al día siguiente no tan buenos, y al día siguiente buenos pensamientos y así sucesivamente.

El estado permanente de creer sin una sombra de duda es algo que tienes que aprender y que mejora con la práctica.

"[Una] de las principales razones por las que muchas personas no logran obtener lo que quieren es porque no saben definitivamente lo que quieren o porque cambian sus deseos casi todos los días.

"Debes saber lo que quieres y continuar deseándolo. Lo obtendrás si combinas el deseo con la fe. El poder del deseo combinado con la fe se vuelve invencible".

Christian D. Larson (1874–1962)

Tus Fuerzas y Cómo Utilizarlas

Hay dos tipos de personas:

Los que dicen: "Lo creeré cuando lo vea".

Y los que dicen: "Para verlo sé que primero tengo que creerlo".

Sé consciente de la gran diferencia entre la acción inspirada y la actividad. La actividad proviene del cerebro-mente y está enraizada en la incredulidad y la falta de fe: estás tomando acción para "obligar" que tu deseo se cumpla. La acción inspirada es dejar que la ley opere a través de ti y te mueva.

La actividad resulta difícil. La acción inspirada te hace sentir maravillosamente bien.

¿Quién es el capitán de tu barco? Sabes que si nadie está al timón de la nave las olas la golpearán y terminará quebrándose contra las rocas. Imagina que tu cuerpo es el barco y tu mente es el motor. ¡Y el capitán eres tú!

Toma el mando de la nave para que puedas utilizar el poder de tu motor y llevarla al destino que quieras.

Día 142

Es probable que puedas ayudar a los demás a través de tus pensamientos y que otros puedan ayudarte a ti. Todo buen pensamiento que envías a otra persona es una fuerza viva. Sin embargo, la persona a la que le estás enviando el pensamiento tiene que estar pidiendo lo mismo que le estás enviando. Si la persona no lo quiere, entonces no está en armonía con tu frecuencia de pensamiento y no podrá recibirlo.

No puedes crear algo en la vida de otro contra su voluntad, pero si se trata de algo que desea, tus pensamientos son una fuerza verdadera que lo ayuda.

Cuando estás en el hermoso estado de gratitud, te conviertes en alguien que todo lo que quiere es dar. Te vuelves tan agradecido que ese sentimiento toma control de tu vida y no puedes encontrar suficientes oportunidades para dar. Das alegría, amor, dinero, agradecimiento, elogios y bondad. Das lo mejor de ti en tu trabajo, en tus relaciones y a extraños.

Sabrás que has encontrado verdadera gratitud porque te convertirás en un dador. Alguien que está verdaderamente agradecido no puede hacer otra cosa.

Cuando la gente comienza a utilizar El Secreto por primera vez puede que sienta un ligero temor a tener pensamientos negativos. A causa de ese temor, cuando tienen buenos pensamientos, enseguida les viene a la mente la idea contraria. Esto no es raro. Sin embargo, quiero que sepas que esa etapa termina muy rápidamente. Y la forma más fácil de que termine es no prestarle atención a los pensamientos negativos. Simplemente ignóralos y piensa en algo positivo. Cuando un pensamiento negativo surge, despréndete de él como si no te importara nada y piensa en algo positivo que lo remplace.

Si quieres atraer dinero, verás que tienes más poder si imaginas que ya tienes las cosas para las cuales lo usarías. Si en tu vida está faltando el dinero, lo más probable es que tus creencias y pensamientos acerca del dinero no sean muy buenos, y te sentirás mucho mejor si piensas que ya tienes las cosas que comprarías. Tienes que aprender a descifrar tus sentimientos y a escoger pensamientos que te hagan sentir mejor.

Tu poder reside en los pensamientos que te hacen sentir mejor.

"Si estás angustiado por algo externo, el dolor no se debe al hecho en sí sino a tu percepción del hecho; tienes el poder de revocarlo en cualquier momento".

Marco Aurelio (121–180)

La pura gratitud es un estado de entrega. Cuando estás en un estado de profunda gratitud, irradias un poderoso campo electromagnético a tu alrededor. Las radiaciones que emanas son tan puras y poderosas que tocan a todos los que entran en contacto contigo. El efecto sobre los que reciben lo que tú irradias es imposible de definir. La onda expansiva de una persona a otra nunca termina.

El acto de dar abre las puertas al de recibir. Tienes muchas oportunidades de dar cada día.

Da palabras amables. Da una sonrisa. Da agradecimiento y amor. Da palabras de elogio. Da cortesía a otros cuando estás conduciendo. Puedes darle una sonrisa al empleado del estacionamiento. Puedes darle un cálido saludo al vendedor de periódicos o a la persona que te sirve el café. Estás dando cuando dejas a otra persona entrar primero al ascensor y puedes dar preguntando a qué piso va y apretando el botón por ellos. Si a alguien se le cae algo, puedes dar alcanzándoselo. Puedes darles abrazos afectuosos a quienes amas. Y puedes darle aliento y aprecio a todo el mundo.

Hay muchas oportunidades para dar y así abrir las puertas para recibir.

Cuando alcanzas los niveles más altos de gratitud, cada pensamiento que tienes, cada palabra que dices y cada acción que realizas surge de la bondad más pura.

Día 150

Eres un ser electromagnético que emite una frecuencia. Sólo las cosas que se encuentran en la misma frecuencia tuya pueden ser parte de tu experiencia. Cada persona, hecho y circunstancia del día te dicen en qué frecuencia estás.

Si tu día no marcha bien, detente y cambia deliberadamente de frecuencia. Si tu día marcha sobre ruedas, continúa haciendo lo que estás haciendo.

A veces es mejor enfocarse en una sola cosa para poder concentrar toda tu energía en ella. Dicho esto, puedes hacer una lista de las múltiples cosas que deseas y pasarte un día enfocándote en cada una de ellas como si ya la hubieras recibido. Lo más probable es que notes que las cosas que te preocupan menos te llegan primero porque tu falta de preocupación le permite al Universo traerlas más fácilmente.

Día 152

La resistencia bloquea lo que quieres y le impide llegar hasta ti. Creas resistencia cada vez que te sientes ansioso o preocupado por lo que quieres. Esa tensión causa resistencia y bloquea la llegada de lo que quieres.

Si estás tenso cuando piensas en lo que quieres, es hora de relajarte, relajarte, relajarte. Deja que el cuerpo relaje tu mente y permita sentirte suave y fluido como el agua. Cada vez que sientas que estás entrando en tensión, relaja tu cuerpo hasta que te sientas suave otra vez.

“Un hombre no es más que el producto de sus pensamientos. Se transforma en lo que piensa”.

Mahatma Gandhi (1869–1948)

La historia que has creado acerca de ti puede limitarte. He aquí algunos ejemplos simples de cómo la historia que hemos creado acerca de nosotros mismos puede limitarnos:

No soy bueno en matemáticas. Nunca he sabido bailar. No soy un buen escritor. Soy demasiado testarudo. No duermo bien. Soy muy temperamental. Lucho con mi peso corporal. Mi inglés no es bueno. Siempre llego tarde. No soy un gran chofer. No puedo ver sin lentes. Me resulta difícil hacer amigos. El dinero parece escaparse entre mis dedos.

En el momento en que tomas *conciencia* de lo que estás diciendo ¡puedes borrarlo y reescribir tu historia!

Ésta es una descripción de quién eres en realidad:

SOY saludable.

SOY perfecto.

SOY fuerte.

SOY poderoso.

SOY generoso.

SOY armonioso.

SOY feliz.

¿Hay algo en lo que pueda trabajar?

Día 156

Toma más y más conciencia de todas las cosas magníficas que hay en tu vida. Siente gratitud hacia todas las personas que han dado tanto a través de su trabajo y sus inventos para facilitar tu vida. ¿Tomaste una ducha esta mañana?¿Usaste electricidad?¿Cómo llegaste al trabajo?¿En automóvil, tren, autobús o caminando? ¿Tomaste café o escuchaste la radio o hiciste una llamada con tu celular o tomaste un ascensor? Son tantos los inventos que utilizas cada día. ¿Los das por hechos o te sientes agradecido por ellos?

Somos tan afortunados. De verdad.

Día 157

Para practicar el arte de la visualización empieza por hacer un resumen de tu día. Elige un buen momento o escena del día y repasa esa escena en tu mente. Imagina el lugar, la gente, los sonidos de fondo, los colores, las palabras que se dijeron y cada detalle de esa escena al repasarla en tu mente.

Ésta es una forma poderosa de mejorar tu capacidad de visualizar a la vez que atraes más escenas maravillosas a tu vida.

Día 158

El Poder Supremo del Universo es el proveedor de todas las cosas y la ley de atracción está encargada de su distribución. Eres un elemento central de creación en la Tierra y es a través de ti y de tu uso de la ley que el Universo puede introducir creaciones en nuestro mundo físico.

¡Qué sistema tan hermoso!

¡Hoy es el mejor día de tu vida!

Día 160

"Lo que uno sabe, uno lo ve".

Johann Wolfgang Von Goethe

(1749–1832)

Día 161

Revisa continuamente cómo te sientes. Lo que quieres es sentir que la vida fluye a través de ti como un río en lugar de aferrarte tensamente a ella. Por tu manera de sentirte puedes darte cuenta si estás relajado y fluyendo, o si estás tenso por dentro.

Una forma de aliviar la tensión es decidir que vas a dar lo mejor de ti a todos. Al dar lo mejor de ti, estarás logrando que el Universo fluya a través de ti. ¡Y es una sensación tan buena!

Día 162

Vivir en *perfecto* equilibrio entre tu corazón y tu mente es vivir una vida bendecida. Cuando tu mente y tu corazón están balanceados tu cuerpo está en completa armonía. Y tu vida también.

Ten pensamientos amables. Di palabras amables. Actúa con bondad. Haz que ése sea tu estado natural en pensamientos, palabras y acción. Hay muchos grados de bondad y es interesante reconocer que lo que la gente llama "mal" es simplemente la *ausencia* de bondad. No existe una fuente de mal: es sólo la ausencia de bondad.

Existe sólo Un Poder, y es totalmente positivo y bueno.

Usa el poder de tu voluntad y *haz* las cosas que te cambien la vida. Practica los principios de El Secreto cada día. Usa el poder de tu voluntad y decide VIVIR según estos principios. Usa todas las leyes de la naturaleza para tu beneficio. Usa la disciplina para practicar todos los días sin excepción.

Eres la única persona que puede fortalecer tu voluntad. Los cambios que veas estarán en exacta proporción a tu dedicación por *lograrlos*.

A través de la ciencia sabemos de manera concluyente que la energía no puede crearse o destruirse: solamente se transforma. Estamos hechos de energía, por lo cual tampoco podemos ser creados o destruidos: simplemente podemos ser transformados.

Muchos seres humanos le tienen miedo a la muerte, pero somos vida eterna que simplemente cambia su forma exterior.

Día 166

No existe un solo momento en la historia en que el odio haya traído alegría a los seres humanos. El odio destruye a quienes lo llevan en sus mentes y cuerpos. Si la humanidad se desprendiera del odio, del miedo y del resentimiento, ningún dictador podría jamás surgir y tendríamos paz en la tierra.

La paz en la tierra sólo puede ocurrir a través de la paz dentro de cada uno de nosotros.

"La mente positiva está siempre en armonía consigo misma, mientras que la mente negativa está siempre en discordia y por tanto pierde gran parte de su poder... En la mente positiva todas las acciones del sistema mental trabajan en armonía y se dirigen completamente hacia el objetivo a la vista, mientras que en la mente negativa, esas mismas acciones están dispersas, inquietas, nerviosas, perturbadas, moviéndose aquí y allá, a veces bajo nuestra dirección, pero la mayor parte del tiempo no. Que una mente tenga que invariablemente triunfar es por tanto tan evidente como que la otra tenga que invariablemente fracasar".

Christian D. Larson (1874–1962)

Tus Fuerzas y Cómo Utilizarlas

No hay pasado o futuro para la ley de atracción, sólo presente. Así que deja de referirte a tu vida pasada como difícil o llena de vicisitudes y dolor, o negativa en cualquier otra manera.

Recuerda que la ley sólo opera en el presente y que cuando te refieres negativamente a tu pasado, la ley recibe tus palabras y te envía todo eso de regreso AHORA.

El proceso de creación es igual para todas las cosas, ya sea para atraer algo hacia ti o para eliminar un aspecto negativo de tu vida.

Si tienes un hábito que te gustaría abandonar, o algo negativo que te gustaría eliminar de tu vida, debes enfocarte en lo que quieres. Esto quiere decir que debes visualizar e imaginarte ahora en un estado libre de negatividad. Imagínate en tantas escenas como sean posibles en que la situación negativa esté completamente ausente. Imagínate feliz y libre. Elimina de tu mente toda imagen de una situación negativa. Sólo imagínate en el estado en que quieras estar y siente que ahí es que estás ahora.

Día 170

Cada día, independientemente de quiénes sean las personas que encuentres – amigos, familiares, colegas, extraños – dales alegría. Entrégales una sonrisa o un elogio o palabras o acciones amables, ¡pero dales alegría! Haz tu mejor esfuerzo por asegurarte de que cada persona tenga un mejor día por haberte encontrado. Puede que esto suene como que no tiene vínculo alguno contigo y con tu vida, pero créeme que está inseparablemente vinculado contigo a través de la ley cósmica.

Al darle alegría a cada persona que te encuentres, traes alegría para TI. Mientras más alegría das a otros, más alegría atraes hacia ti.

Muchas personas que hacen dieta pierden peso y luego lo recuperan porque estaban enfocados en perder peso. Lo que tienes que hacer es enfocarte en tu peso ideal.

Atraes lo que más fuertemente enfocas. Es así como funciona la ley.

Día 172

Concéntrate en todo lo que es bueno en ti y, cuando tu mente empiece a criticar cualquier parte tuya, borra esos pensamientos. Haz una pausa inmediatamente y reorienta tu mente hacia las cosas buenas que hay en ti. Si te concentras en lo bueno que hay en ti, atraerás abundantes cosas buenas.

Sé amable contigo mismo. ¡Te lo mereces!

Cada uno de nosotros es el creador de su propia vida. No podemos crear la vida de otro, a menos que esa persona esté conscientemente pidiendo lo mismo. Por ejemplo, cuando alguien quiere estar bien, los que lo rodean pueden utilizar su poderoso foco de bondad en ellos. Cada persona recibirá energía positiva porque la está pidiendo y le será de mucha ayuda.

"Hablamos con conocimiento de la ley de gravedad, pero ignoramos la igualmente maravillosa manifestación de *la ley de atracción en el mundo de los pensamientos.* Estamos familiarizados con esa maravillosa manifestación de la Ley que atrae y mantiene juntos los átomos que componen la materia; reconocemos el poder de esa ley que atrae cuerpos hacia la tierra, que mantiene a los mundos en sus esferas de rotación, pero cerramos los ojos ante *la poderosa ley que atrae hacia nosotros las cosas que deseamos o tememos, que hace o deshace nuestras vidas.*

"Cuando logremos ver que el pensamiento es una fuerza – una manifestación de energía – con un poder de atracción similar a un imán, empezaremos a entender el porqué y el cómo de muchas cosas que hasta ahora nos han parecido oscuras".

William Walker Atkinson (1862–1932)

La Vibración del Pensamiento

¡Conócete a ti mismo! Observa cómo manifiestas las pequeñas cosas de la vida y piensa en lo que sientes en tu interior. Recuerda cuán fácilmente te llegaron esas pequeñas cosas. Recordarás que una vez pensaste en una cosa pequeña y, sin volver a pensar en ella, se manifestó.

Lo que en realidad ocurrió fue que no tuviste ningún pensamiento o dijiste palabra alguna que contradijera aquello que querías y la ley de atracción pudo hacer su labor.

Para entender el poder y la magia de la gratitud, tienes que vivirla por ti mismo. Así que, ¿por qué no comienzas por decidirte a encontrar cien cosas cada día por las cuales estás agradecido?

Si practicas la gratitud cada día no tardará mucho en convertirse en tu estado natural de existencia y, cuando eso ocurra, habrás descubierto uno de los grandes secretos de la vida.

Día 177

¿Cuál es el elemento más poderoso que puedes agregar al proceso de crear lo que tú quieres? Pide por otros cuando pidas por ti. Una manera fácil de hacerlo es pedir por TODOS, lo cual por supuesto te incluye a ti. Pide una buena vida para todos, paz para todos, abundancia para todos, salud para todos, amor para todos y felicidad para todos.

Lo que pides para los demás te regresa, de modo que la ley lo cubre TODO.

La ley de atracción no puede cambiar algo que odias en tu vida porque el odio impide que el cambio ocurra. Como la ley nos da exactamente lo que exteriorizamos, cuando odias algo, la ley debe seguir dándote más de lo que odias. No podrás separarte de ello. El amor es el único camino.

Si te enfocas completamente en las cosas que amas, estarás en camino hacia una vida más hermosa.

Las críticas pueden ser muy sutiles en la manera en que entran en nuestros pensamientos. He aquí algunos ejemplos de críticas para ayudarte a estar consciente de su sutileza y así eliminarlas de tus pensamientos:

El tiempo está horrible hoy.

El tráfico está terrible.

El servicio es realmente malo.

Ay no, la fila es larguísima.

Ella/él siempre llega tarde.

¿Cuánto tendremos que esperar por nuestra orden?

Ese chofer está loco.

Aquí hace mucho calor.

¡Me hicieron esperar tanto tiempo en el teléfono!

Estas son sutilezas, pero la ley de atracción las escucha. Tienes la capacidad de agradecer algo en cada circunstancia. Siempre hay algo por lo cual estar agradecidos.

El proceso para manifestar lo que quieres es el mismo independientemente de lo que sea. Este proceso se presenta con claridad en la película *El Secreto* y también en el libro, y si no lo ves con claridad, debes entonces ver la película varias veces o leer el libro varias veces hasta que se filtre en tu mente. Entonces podrás incorporar los principios de El Secreto a tu vida y tu conciencia, y sabrás cómo hacer cualquier cosa.

Día 181

"Primero mantén la paz dentro de ti y entonces podrás dar paz a otros".

Tomás De Kempis (1380–1471)

La Imitación de Cristo

Imagina que tus buenos sentimientos son agua de lluvia y que tu cuerpo es el recipiente.

Asegurándote de sentir el mayor número de buenos sentimientos posibles mantienes el recipiente lleno y desbordado. Pero si te olvidas de introducir esos sentimientos deliberadamente, el nivel del agua descenderá hasta el fondo, donde se encuentran el limo y el lodo. Los sentimientos negativos son solamente una indicación de que el nivel del recipiente ha descendido hasta el limo y el lodo y que necesitas llenarte nuevamente de buenos sentimientos hasta que se desborde. Mantén el nivel de agua desbordante y llénate deliberadamente de buenos sentimientos todos los días.

Día 183

Cada paso positivo que das está transformando tu ser. Con el uso constante de tu voluntad y la práctica continua de lo que has aprendido, te asombrarás de lo rápido que ocurre tu transformación. La transformación de tu ser te traerá una paz y una alegría indescriptibles. Tienes que vivirlo para saberlo, pero una vez que lo hagas, nunca volverás atrás.

No puedes decir que la ley de atracción no funciona porque está trabajando todo el tiempo. Si no tienes lo que deseas, lo que estás viendo es el efecto de tu propio uso de la ley. Si no tienes lo que deseas, entonces estás creando *no tener* lo que deseas. Aun así estás creando y la ley te sigue respondiendo.

Si puedes entender esto, entonces puedes reorientar tu increíble poder para atraer lo que quieres.

Flota por la vida y trata de no resistir los desafíos cuando aparezcan. Resistirlos sólo los une más a ti. Enfoca tu mente en lo que quieres y flota por encima de los desafíos y las cosas negativas. Imagínate que estás elevándote hacia el cielo y mirando hacia el pequeño punto de negatividad que hay abajo. Cuando haces esto estás desprendiéndote de la negatividad y contemplándola tal como es en realidad.

Este pequeño proceso te salvará de ahogarte en una situación negativa.

Comienza tu día sintiéndote agradecido. Agradece la cama en la que has dormido, el techo sobre tu cabeza, la alfombra o piso bajo tus pies, el agua corriente, el jabón, la ducha, el cepillo de dientes, la ropa, los zapatos, el refrigerador que mantiene fría tu comida, el automóvil que conduces, tu trabajo, tus amigos. Siente gratitud por las tiendas que facilitan comprar lo que necesitas, los restaurantes, los servicios y los electrodomésticos que le quitan esfuerzo a tu vida. Agradece las revistas y los libros que lees. Agradece la silla en que te sientas y el pavimento por el que caminas. Agradece el clima, el sol, el cielo, los pájaros, los árboles, el césped, la lluvia y las flores.

¡Gracias, gracias, gracias!

No puedes perder una oportunidad porque el Universo seguirá ofreciéndotelas. Si piensas que has perdido una oportunidad no te sentirás bien y definitivamente no estarás en la frecuencia de recibir la oportunidad correcta. Ten fe. El Universo tiene ilimitadas oportunidades que ofrecerte e ilimitadas maneras de captar tu atención.

Aprovecharás la oportunidad correcta.

"Toda persona puede ser fenomenal... porque cualquiera puede ser útil. No necesitas un título universitario para ser útil. No tienes que hacer que el sujeto y el verbo concuerden para ser útil. Sólo necesitas un corazón lleno de gracia. Un alma creada por el amor".

Dr. Martin Luther King Jr.

(1929–1968)

Para recibir lo bueno debes estar en la frecuencia de la bondad. Para lograr pegarte a esa frecuencia, ten buenos pensamientos, di palabras buenas y realiza buenas acciones.

Día 190

Tienes dentro de ti las respuestas exactas que necesitas para cada pregunta, por lo que es importante que tú mismo encuentres las respuestas. Debes confiar en ti y en todo lo que eres. El libro y la película de *El Secreto* te ayudan a entender el poder que llevas dentro y a estar más consciente de ese poder para poder usarlo.

Haz la pregunta y luego mantente intensamente alerta porque la respuesta te llegará en cualquier momento.

¿Recuerdas los tres monos sabios?

No veas nada malo.

No escuches nada malo.

No digas nada malo.

Eso significa: no veas nada negativo, no escuches nada negativo, no digas nada negativo.

¡Esos tres monos eran definitivamente sabios!

Día 192

¡Gracias! ¡Gracias! ¡Gracias! Una palabra que cuando se funde con un sentimiento intenso puede mejorar tu vida más de lo que eres capaz de imaginar. Pero debes saturar las palabras con sentimientos de gratitud en tu corazón.

Tú sabes lo que se siente cuando alguien dice "Gracias" sin sentirlo: nada. Y sabes también lo que se siente cuando alguien dice "Gracias" con todo su corazón. La palabra es la misma en ambos casos, pero cuando se le suma el sentimiento de gratitud puedes sentir cómo el efecto de esa energía te llega inmediatamente.

Cuando le pones sentimiento a la palabra "Gracias", le estás dando alas.

Si estás buscando amor, la mejor oportunidad de encontrar felicidad absoluta con la persona ideal (quienquiera que sea) es entregándote al Universo. Deja que el Universo te traiga el amor de tu vida y te mueva hacia él. Esto quiere decir que debes estar receptivo a las posibilidades que el Universo te ofrece.

Desde nuestra estrecha perspectiva no podemos verlo todo, pero desde su perspectiva total el Universo reconoce las parejas perfectas.

"Las palabras de bondad crean confianza. Los pensamientos de bondad crean profundidad. Dar con bondad crea amor".

Lao-Tsé (circa siglo IV AC)

AS ABOVE SO BELOW AS WITHIN SO WITHOUT

El estrés, la preocupación y la ansiedad surgen simplemente de proyectar tus pensamientos hacia el futuro e imaginar algo malo. ¡Esto es enfocarse en lo que no deseas! Si sientes que tu mente está proyectándose hacia el futuro en forma negativa, enfócate intensamente en el AHORA. Continúa regresando al presente.

Utiliza toda tu voluntad y enfoca tu mente en este preciso instante, pues es en este momento donde está la paz absoluta.

¿Es éste uno de tus pensamientos?

"No tengo dinero para dar, pero cuando tenga dinero, daré". Si lo es, nunca tendrás dinero. La forma más rápida de atraer cualquier cosa es dársela a otro. Por eso, si lo que quieres es atraer dinero, simplemente da dinero. Puedes dar $10 ó $5 ó $1. No importa la cantidad, simplemente da dinero. No importa cuánto ni dónde lo des, ¡simplemente dalo!

Mientras más practiques la gratitud, más la sentirás en tu corazón y la profundidad de ese sentimiento es clave. Mientras más profunda y sinceramente la sientas, más felicidad atraerás hacia ti en cada área de tu vida.

Observa lo que ocurre en tu vida cuando practicas la gratitud en cada oportunidad en cada día que pasa.

Cuando pidas algo para ti, trata también de pedirlo para el mundo.

Buenas cosas para ti; buenas cosas para el mundo. Prosperidad para ti; prosperidad para el mundo. Salud para ti; salud para el mundo. Alegría para ti; alegría para el mundo. Amor y armonía para ti; amor y armonía para toda la población del mundo.

Es algo pequeño que tiene grandes resultados.

A menudo, cuando las cosas cambian en nuestra vida, ofrecemos gran resistencia al cambio.

Esto ocurre porque, cuando un cambio grande se presenta, la gente tiende a creer que es algo malo. Pero es importante recordar que cuando algo grande cambia en nuestra vida, algo mejor está en camino. No puede existir un vacío en el Universo; de modo que si algo se va, otra cosa tiene que venir a remplazarlo. Cuando el cambio llegue, relájate, ten fe y reconoce que el cambio es TODO BUENO.

¡Algo más maravilloso está en camino hacia ti!

Si quieres atraer un mejor trabajo o algo mejor que lo que tienes ahora, es importante que entiendas cómo funciona la ley de atracción.

Ya sabes que para atraer algo mejor debes imaginarte cómo luce y luego vivir con esa imagen como si ya estuviera aquí. Pero también debes saber que si te quejas de tu trabajo actual, por ejemplo, y sigues enfocándote en los aspectos negativos, nunca atraerás un mejor trabajo. Debes buscar algo por lo cual estar agradecido en tu trabajo actual. Cada cosa que encuentres por la que estar agradecido estará ayudándote a atraer ese mejor trabajo. ¡Así se trabaja con la ley!

Día 201

Observa un automóvil y aprenderás algo sobre su dueño. Los automóviles que están meticulosamente limpios demuestran que sus dueños los aprecian. Los que están sucios y desordenados no son apreciados. Una de esas personas está atrayendo aun mejores automóviles. La otra, peores.

Apreciar *las cosas que posees* es usar la ley de atracción inteligentemente.

Día 202

"Adopta la resolución de mantenerte tan fuerte, tan determinado y motivado durante la noche más negra de adversidad como lo estás en el día más soleado de prosperidad. No te decepciones cuando las cosas parecen frustrantes. Mantén tu ojo fijo en el mismo futuro brillante, independientemente de las circunstancias, condiciones o hechos. No te desanimes cuando las cosas andan mal. Mantente imperturbable en tu resolución original de hacer que todas las cosas salgan bien.

"El hombre que nunca flaquea cuando las cosas están en su contra se hará más y más fuerte, hasta que todas las cosas resulten a su favor. Finalmente tendrá toda la fuerza que quiera o que necesite. Mantente siempre fuerte y siempre estarás más fuerte".

Christian D. Larson (1874–1962)

Tus Fuerzas y Cómo Utilizarlas

La ley de atracción es una fotocopiadora gigante; fotocopia lo que tenemos en la mente y nos lo re-envía en forma de circunstancias y hechos que tienen lugar en nuestras vidas. Esto es algo fenomenal porque nos permite saber claramente cómo va nuestra vida. Por ejemplo, si no estás viendo suficiente dinero en tu vida, sabes que tienes que crear abundancia en tu mente e imaginación para que la ley pueda fotocopiarla y enviártela de vuelta.

Aunque estés pensando algo real o irreal, o sobre cómo es tu vida ahora y cómo quisieras que fuera, la ley de atracción está respondiendo a esos pensamientos. En otras palabras, la ley de atracción no sabe si estás imaginando algo o si es real.

¿Entiendes ahora el poder de tu imaginación?

He aquí cuatro cosas fundamentales para lograr que el dinero se manifieste mediante la ley de atracción.

1. Ten más pensamientos al día sobre abundancia que sobre falta de dinero.

2. Sé feliz ahora, sin dinero.

3. Siente verdadera gratitud por todo lo que tienes ahora.

4. Da lo mejor de ti a los demás.

Cuatro cosas fáciles. Puedes hacerlas si las deseas de verdad.

La ley de atracción nunca le ha fallado a nadie y no te va a fallar a ti. La ley no falla. Cuando las cosas no se presentan como uno quiere es siempre porque la persona no está usando la ley correctamente.

La ley es infalible y cuando actúas en perfecta armonía con ella, ¡*verás* los resultados!

A veces, cuando no tenemos el coraje para cambiar, todo cambia a nuestro alrededor para conducirnos hacia un nuevo camino.

No puedes evitar seguir creciendo; la evolución lo requiere.

No hay nada que no puedas hacer y, si enfrentas las cosas de la vida en el orden correcto, lograrás todo lo que te propongas. Vive primero tu sueño en tu interior de manera total y completa y entonces se manifestará en tu vida. Cuando hayas hecho un giro tan completo en tu interior podrás magnetizar todo lo que necesitas para que tu sueño se convierta en realidad.

Ésta es la ley. Toda creación en tu vida comienza desde dentro.

Día 209

"Esfuérzate por ser el primero: el primero en saludar, el primero en sonreír, el primero en halagar y el primero en perdonar".

Anónimo

Hay gran poder en tus palabras porque son pensamientos a los que has dotado de una energía adicional. Mantente alerta a lo que dices. Vigila tus palabras. Es un momento espectacular cuando logras interrumpir palabras indeseadas en medio de una oración porque significa que te estás volviendo más consciente y alerta. ¡Claro!

El Universo infinito es como el Sol. La naturaleza propia del Sol es darnos luz y vida. El Sol no podría existir o ser un sol si no diera luz y vida. ¿Te imaginas al Sol despertándose una mañana y pensando, "¡Estoy harto de dar luz y vida"? El momento en que el Sol deje de dar vida, no podría existir. El Universo infinito es igual que el Sol. La esencia y naturaleza del Universo infinito es dar, y de otra manera no podría existir.

Cuando estamos en armonía con las Leyes del Universo, disfrutamos la alegría de su dádiva continua.

Es importante recordar que estás vibrando en alguna frecuencia cada segundo. Para cambiar las circunstancias externas y elevar tu vida a un nivel más alto, debes cambiar la frecuencia dentro de ti. Pensamientos de bondad, palabras de bondad y acciones de bondad elevan tu frecuencia.

Mientras más alta sea tu frecuencia, más bondad atraerás.

Cuando no estás en armonía con la ley sientes que faltan cosas en tu vida, pero eso no es más que la experiencia que estás creando. El Universo está dando continuamente y debes aprender a sintonizarte con la armonía del Universo. Y la melodía perfecta es ésta: buenos pensamientos, buenas palabras y buenas acciones.

Día 214

El Universo está total y profundamente enamorado de ti. No importa cuántos errores cometas, no importa dónde te encuentres en la vida, no importa lo que *tú* pienses de ti mismo, el Universo te ama eternamente.

¿Qué es lo que realmente deseas? ¿Cuál es el resultado que deseas? Tu tarea es aferrarte al resultado final y sentirlo como si ya estuviera aquí. Ésa es tu tarea. CÓMO te llegará es tarea del Universo. Mucha gente tropieza en este punto y trata de resolver también el cómo.

He aquí un ejemplo sencillo. Una persona quiere estudiar en una universidad costosa y trata de resolver la manera de conseguir el dinero para pagarla. Pero el *resultado final* es estar en esa universidad. Esa persona debe concentrarse en estudiar en esa universidad; ésa es su tarea.

Concéntrate en el resultado final y deja que el Universo utilice sus infinitas maneras de hacerlo realidad.

"Como una piedra arrojada al agua, los pensamientos producen olas y vibraciones que se extienden sobre el gran océano del pensamiento. Existe una diferencia, sin embargo: las olas en el agua se mueven en todas direcciones aunque en un mismo plano, mientras que las olas del pensamiento se mueven en todas direcciones desde un centro común, igual que lo hacen los rayos del sol".

William Walker Atkinson (1862–1932)

La Vibración del Pensamiento

Puedes ser una inspiración para alguien en dificultades, no descendiendo hacia su tristeza sino elevándolo con la luz de tu alegría.

Siempre sabrás si eres una luz de inspiración por la manera en que te sientes. Si puedes mantener tus buenos sentimientos, la luz de tu alegría brilla con fuerza. En el momento en que empieces a sentirte apesadumbrado o mal, sabrás que la negatividad del problema te está afectando y que realmente necesitas tomar distancia y volver a sentirte bien.

No tienes nada que darle a nadie a menos que la alegría que llevas dentro irradie hacia el exterior.

Día 218

Cualquiera que sea tu situación financiera la has hecho realidad a través de tus pensamientos. Si no es la que querías, entonces la has creado inconscientemente, pero aun así la has creado. Cuando logres ver esto entenderás el poder que tienes de crear. Y ahora todo lo que tienes que hacer es crear lo que deseas, ¡conscientemente!

Cuando cierras los ojos y te visualizas con dinero y haciendo todas las cosas que quieres hacer con ese dinero, estás creando una nueva realidad. Tu subconsciente y la ley de atracción no saben si estás imaginando algo o si es real. Por eso, cuando usas tu imaginación, la ley de atracción recibe esos pensamientos e imágenes como si los estuvieras viviendo en realidad y tiene que enviarte esas visiones de vuelta.

Cuando estés en el lugar donde sientas que lo que imaginas es real, sabrás que ha penetrado tu subconsciente y la ley de atracción debe entregártelo.

Cuando vayas a pagar tus cuentas, usa tu imaginación e inventa cualquier juego que se te ocurra. Imagina que tus cuentas son cheques o que el dinero que estás pagando es un regalo para alguien. Agrégale ceros a tu cuenta bancaria o coloca el cheque del Banco del Universo que aparece en el sitio Web de El Secreto en el espejo, en el refrigerador, debajo de la pantalla del televisor, en el horno, en el espejo retrovisor de tu automóvil, en tu escritorio o en tu computadora.

Juega, inventa juegos que logren infiltrar un sentimiento de abundancia en tu subconsciente.

La manera más rápida de recibir es dando porque al dar estás iniciando la acción recíproca de recibir. Todos recibimos según lo que damos. Da lo mejor de ti dondequiera que vayas. Regala una sonrisa. Da las gracias. Regala bondad. Da amor.

La acción de dar debe realizarse sin esperar nada a cambio; es dar por el puro gozo de hacerlo.

Día 222

Todas las religiones del planeta nos dicen que tengamos FE. La fe existe cuando no puedes ver cómo se logrará, pero sabes absolutamente que en el momento en que sueñes con algo, te será dado, y que lo único que tienes que hacer es relajarte y dejar que el Universo te atraiga y te una a tu sueño.

Día 223

"Todo lo que somos es el resultado de lo que hemos pensado... Si un hombre habla o actúa con pensamientos maléficos, el dolor lo sigue... Si un hombre habla o actúa con un pensamiento puro, la felicidad lo sigue como una sombra que nunca lo abandona".

Buda (circa 563–circa 483 AC)

Los Versos Gemelos

Porque todo ya existe en el mundo espiritual lo que tú quieres también existe. Es más, siempre ha existido porque no existe el tiempo en el mundo espiritual. Esta idea puede resultar difícil de entender para nuestras mentes limitadas. Pero lo importante es que si lo que deseas ya existe, entenderás que en el momento en que lo pidas te será dado. Y todo lo que tienes que hacer para traer lo que quieres del mundo espiritual hacia el material es emitir exactamente la misma vibración que lo que deseas. No es necesario crear lo que deseas; ya existe.

SÉ la vibración de lo que deseas y lo traerás al mundo material.

Cuando critiques o culpes a alguien o algo observa cómo te sientes. Esos malos sentimientos te dicen claramente que estás atrayendo negatividad. Nota cómo la guía infalible del Universo se comunica contigo a través de tus sentimientos.

Simplemente no vale la pena sentirte menos que bien.

Día 226

He aquí una lista para que estés seguro de que tus canales de recepción están abiertos:

¿Recibes bien los elogios? ¿Te es fácil recibir regalos inesperados? ¿Aceptas ayuda cuando te la ofrecen? ¿Aceptas que un amigo te invite a comer?

Son pequeños detalles pero te ayudarán a saber si estás dispuesto a recibir. Recuerda que el Universo se mueve a través de cada persona y circunstancia para darte cosas.

Día 227

Tus sentimientos y pensamientos son la *causa* y su manifestación es el *efecto*. Por lo tanto, si interiorizas lo que quieres, estarás completando todo lo que tienes que hacer. Tal como es por dentro, así es también por fuera, igual en tu interior como en tu exterior.

Recuerda, dentro de ti está la *causa* y el mundo exterior es el *efecto*.

Si una acción en tu vida parece contradecir lo que quieres, usa tu imaginación en ese momento. Puedes usar tus acciones todos los días para *ayudarte* a crear lo que quieres. Por ejemplo, cuando estás conduciendo tu viejo automóvil puedes imaginar que en realidad estás conduciendo el nuevo que quieres. Cuando saques tu billetera, puedes imaginártela a punto de reventar de billetes. Puedes convertir cada acción en un juego de simulación que coincida con lo que quieres.

Recuerda que la ley de atracción no sabe si algo es real o imaginario.

Día 229

Cuando estaba haciendo la película *El Secreto,* estaba a la vez aprendiendo la ley y durante un tiempo cometí el error de buscar ayuda en el mundo exterior. Estaba creando una película que costó millones de dólares y al comenzar tenía muchas deudas. No importaba dónde fuera a buscarla, la ayuda no aparecía. Me tiraban la puerta en la cara una y otra vez. Estaba buscando ayuda en el lugar equivocado porque todo el poder del Universo lo llevaba dentro.

Cuando cambié y me conecté con el poder que tenía dentro y me concentré solamente en eso, le permití al Universo encontrar el camino perfecto. Hice mi tarea y me aferré al resultado con mi corazón, mente y cuerpo y el camino se alumbró.

Día 230

"Puedes escoger libremente lo que piensas, pero el resultado de tu pensamiento está gobernado por una ley inmutable".

Charles Haanel (1866–1949)

El Sistema de la Llave Maestra

Día 231

Cuando encuentras tu propósito es como si tu corazón se hubiera encendido de pasión. Lo sabes de manera absoluta, sin duda alguna.

No hay límite en la altura a la que puedes elevar tu frecuencia, porque no hay límite en el número de buenos pensamientos que puedes tener, buenas palabras que puedes decir o actos de bondad que puedes realizar. Además de transformar tu propia vida al elevar tu frecuencia, elevas también las vidas de los demás. La frecuencia positiva de tu energía emana como la onda de una piedra lanzada al agua que toca nuestro planeta y cada cosa que vive en él.

Al elevarte más, te llevas el mundo contigo.

Día 233

Ninguna persona o poder en el mundo exterior puede compararse al poder que llevas dentro. Busca aquel poder dentro de ti que sabe cuál es el camino perfecto para ti.

Día 234

No puedes atraer lo que deseas si estás estresado. Debes eliminar de tu sistema el estrés o cualquier tensión.

Debes eliminarlo; es la única manera de atraer lo que deseas. La emoción del estrés está diciendo enfáticamente que NO tienes lo que quieres. El estrés o la tensión representa la ausencia de fe y para eliminarlo lo único que tienes que hacer es ¡aumentar tu fe!

La fe es confiar en lo bueno.

El temor es depositar tu confianza en lo malo.

Día 236

Cualquier cosa que quieras traer a tu vida, debes DARLA. ¿Quieres amor? Entonces da amor. ¿Quieres reconocimiento? Entonces da reconocimiento. ¿Quieres comprensión? Entonces da comprensión. ¿Quieres alegría y felicidad? Entonces dáselas a los demás.

¡Tienes la capacidad de dar mucho amor, reconocimiento, comprensión y felicidad a mucha gente todos los días!

"Cuando hayas decidido lo que quieres hacer repítete mil veces al día que lo harás. La mejor manera de hacerlo aparecerá pronto. Tendrás la oportunidad que deseas".

Christian D. Larson (1874–1962)

Tus Fuerzas y Cómo Utilizarlas

Nunca dejes pasar un día sin procurar lo bueno, sin sentir lo bueno que llevas dentro, elogiando, apreciando, bendiciendo y agradeciendo.

Haz esto tu propósito en la vida y te asombrará lo que te ocurra.

Día 239

Cuando un cambio grande ocurre en tu vida, te obliga a cambiar de rumbo. Puede que a veces el nuevo camino no sea fácil, pero puedes estar absolutamente seguro de que hay algo magnífico aguardándote. Puedes estar absolutamente seguro de que el nuevo camino tiene cosas que no habrías podido vivir de otra manera.

Cuando recordamos un hecho negativo en nuestro pasado, a menudo vemos cómo alteró nuestra vida. Vemos cómo aquel hecho nos orientó hacia una vida que no cambiaríamos por nada.

Día 240

Los antiguos babilonios practicaban una ley vital que fue la causa de su inmensa prosperidad. Aplicaban la ley del diezmo, que significa donar la décima parte de todas las riquezas que uno recibe. La ley del diezmo establece que debes dar para recibir, y los babilonios sabían que la práctica de esta ley les abría la puerta para que fluyera la abundancia.

Si piensas: "Daré cuando tenga suficiente dinero", entonces la ley del diezmo dice que nunca tendrás suficiente dinero porque primero tienes que dar. Muchas de las personas más ricas del planeta lograron su fortuna diezmando, ¡y nunca han dejado de hacerlo!

Si cuando te miras a ti mismo te sientes insatisfecho con alguna parte de tu persona, continuarás atrayendo sentimientos de insatisfacción porque la ley te devuelve exactamente lo que sientes.

¡Asómbrate y maravíllate de tu magnificencia!

No importa cuáles sean los obstáculos, podemos hacer que esta vida sea lo mejor posible. Piensa en la historia de Morris Goodman en la película *El Secreto.* Morris yacía en un hospital completamente paralizado, sólo podía pestañear. Pero Morris sabía que aún podía usar su mente para visualizar y, contra toda probabilidad, pudo caminar otra vez.

Visualiza que tu vida es magnífica. Visualízate en total alegría, ¡y aférrate a esa visión sin importar lo que ocurra!

Eres un imán. Atraes hacia ti lo que sientes por dentro, así que conviértete en el imán de la alegría y trabaja incesantemente en esto con todas tus fuerzas. La alegría es un sentimiento que llevas dentro y puedes hacerlo surgir no importa lo que esté ocurriendo en el mundo.

Debes saber que para vivir de acuerdo con la ley debes estar alegre a fin de que te llegue una vida llena de gozo.

Día 244

"La mayoría de las personas son tan felices como deciden serlo".

Abraham Lincoln (1809–1865)

La gente se pasa la vida buscando todo lo material y no descubre que el tesoro más grande de todos lo lleva dentro. Cierra los ojos al mundo exterior. Dirige tus pensamientos y palabras hacia tu interior. El amo que llevas dentro es la llave de todos los secretos del mundo.

Llevas el amo dentro y te guía en cada momento de tu vida. Piensa por ti mismo y elige por ti mismo.

Tu cuerpo es exactamente como un proyector de cine y la película que exhibe son tus pensamientos y sentimientos. Todo lo que ves en la pantalla de tu vida es lo que tu interior proyecta, lo que *tú* has puesto en esa película.

Elegir pensamientos y sentimientos más elevados puede cambiar lo que ves en la pantalla en cualquier momento. ¡Tienes control absoluto de lo que contiene la película!

Día 248

¿Cómo va la película de tu vida? ¿Necesitas cambiar la parte del guión que trata de dinero, salud o relaciones? ¿Quieres editar alguna parte? Hoy es el momento de hacer cualquier cambio que quieras en tu película porque los cambios que hagas hoy se proyectarán mañana.

Estás creando la película de tu vida y está en tus manos. Cada día que pasa.

Día 249

Aunque hay mucho que aprender y estudiar, la Verdad de la Vida está presente en el mundo que te rodea, siempre que tengas ojos para verla. Sólo nuestra ignorancia y nuestras rígidas creencias nos ciegan ante la Verdad.

Continúa haciéndote preguntas, sigue aprendiendo y eliminando las creencias rígidas y la Verdad se desplegará dentro de ti.

"Cuando estás inspirado por un gran propósito, algún proyecto extraordinario, tus pensamientos rompen sus cadenas; tu mente trasciende sus limitaciones, tu conciencia se expande en todas direcciones y te encuentras en un mundo nuevo, magnífico y maravilloso. Tus fuerzas, facultades y talentos dormidos vuelven a vivir y descubres que eres una persona muchísimo mejor que lo que jamás habías soñado ser".

Yoga Patanjali (circa 200 AC)

Sutras

Debes hablar como si ya tuvieras lo que quieres. Esto es muy importante. La ley responde exactamente a tus pensamientos y palabras; de ahí que si ves algo como si ocurriera en el futuro, estás impidiendo que ocurra en el presente.

Tienes que sentirte como si lo tuvieras ahora.

A medida que practicas la ley de atracción, la vibración de tus pensamientos y sentimientos se eleva más y más. No hay límite en la altura a la que pueden vibrar y, según se van elevando más y más, tu vida también se eleva más y más. Sin embargo, éste es un proceso gradual y la única manera de continuar elevándose es paso a paso.

Por eso, siéntete lo mejor que puedas cada día, genera tantos buenos pensamientos como puedas cada día, ¡y finalmente lo lograrás!

La manera de tener un control absoluto de la ley es teniendo un control absoluto de ti mismo. Controla tus pensamientos y emociones y te convertirás en el amo de la ley de atracción porque ya eres tu propio amo.

Día 254

Ningún ser humano atraería deliberadamente algo que no quiere, pero, desafortunadamente, a través de la historia de la humanidad muchos han sufrido dolor, tristeza y pérdidas por no estar conscientes de la ley que afecta sus vidas más que ninguna otra.

El curso de la historia ha cambiado ahora porque tienes el conocimiento de la ley de atracción y puedes crear la vida que mereces. ¡Estás cambiando la historia!

Tu tarea eres tú y solamente tú. Cuando estás en armonía con la ley, nadie puede interponerse entre el Universo y tú. Sin embargo, si piensas que alguna otra persona puede bloquear el camino hacia lo que quieres, entonces has dado un giro hacia lo negativo. Concéntrate en crear lo que quieres.

Eres el centro de una operación divina en tu vida y tu compañero es el Universo. Nadie puede entorpecer tu creación.

Cuando estás indeciso acerca del camino a seguir o en qué dirección doblar, recuerda que hay alguien que sabe y te guiará a través de cada decisión y giro en tu vida. Lo único que tienes que hacer es preguntar, creer que recibirás la ayuda que deseas y mantenerte alerta para recibir tu respuesta. El Poder Supremo del Universo te acompaña en cada paso que des y lo único que tienes que hacer es confiar en su poder y pedir.

Es cuando no necesitas dinero que el dinero aparece. Sentir necesidad de dinero proviene de la idea de que no tienes suficiente y lo que haces es continuar creando la falta de suficiente dinero.

Siempre estás creando y, cuando de dinero se trata, estás creando su escasez o su abundancia.

Día 258

"Nuestro destino no está trazado por un poder exterior; lo trazamos nosotros mismos. Lo que hacemos y pensamos en el presente determina lo que nos ocurrirá en el futuro.

"No hay nada en tu vida que no puedas modificar, cambiar o mejorar cuando aprendes a regular tu pensamiento".

Christian D. Larson (1874–1962)

Tus Fuerzas y Cómo Utilizarlas

Mientras más tratas de aferrarte a algo que temes perder, más lo alejas. Esos pensamientos están llenos de temor y, si sigues persistiendo, lo que más temes te sucederá.

No temas nada, sólo piensa en lo que quieres. ¡Te sentirás mucho mejor!

La verdad te hará libre. Todo el dolor y el sufrimiento del mundo nos ha llegado de gente que no conoce las leyes inmutables del Universo. Los principios contenidos en El Secreto fueron dados a cada persona para recibir prueba directa de la ley cósmica. Sométela a prueba tú mismo y la verdad te hará libre.

Día 261

Las creencias nacen de pensamientos reiterados que se transforman en creencias. Las creencias son una frecuencia constante que estás transmitiendo y son las cosas más poderosas que forman nuestra vida a través de la ley de atracción. ¡La ley de atracción responde a lo que tú *crees*!

Es por eso que, cuando quieres crear algo, debes pedir y *creer* para entonces recibirlo.

Tu verdadera naturaleza es el amor y la prueba es que lo llevas dentro en cantidades *ilimitadas.* Ningún ser humano tiene menos y nadie está limitado en la cantidad de amor que puede generar de su interior.

El poder todopoderoso del amor aviva la llama de la ley de atracción; es la fuerza magnética más fuerte del Universo.

Si una persona se concentra en la enfermedad, está inadvertidamente atrayendo más enfermedad. En cambio, si una persona se concentra más en la salud que en la enfermedad, entonces la ley de atracción debe obedecer y producir salud. Los principios de la ley de atracción son una herramienta poderosa para invocar los poderes curativos que llevamos dentro y pueden utilizarse como ayuda en completa armonía con todos los maravillosos procedimientos médicos que existen hoy.

Recuerda que si no existiera un poder curativo dentro de nosotros, nada podría curarse.

Día 264

Si pides algo, pero en lo profundo de tu ser no crees que pueda darse inmediatamente por ser algo muy grande, entonces eres tú quien está introduciendo el factor tiempo en tu creación. Estás creando el tiempo que le tomará llegar, según tu percepción de la magnitud de lo que has pedido. Pero en el Universo no existen ni el tiempo ni la magnitud. ¡Todo existe *ahora* en la mente del Universo!

Día 265

"Un pensamiento fuerte, o un pensamiento continuo durante largo tiempo, nos convertirá en el centro de atracción para las ondas mentales de los demás. Los semejantes se atraen mutuamente en el mundo de las ideas. Cosecharás lo que siembras...

"El hombre o mujer que está lleno de Amor ve Amor en todas partes y atrae el Amor de los demás. El hombre que lleva Odio en su corazón recibirá todo el Odio que puede soportar. El hombre que piensa en Pelear generalmente se enfrenta a todas las Peleas antes de avanzar. Y la lista continúa; cada cuál recibe lo que ha pedido a través de la telegrafía inalámbrica de la Mente".

William Walker Atkinson (1862–1932)

La Vibración del Pensamiento

Te preocupas por tener tu automóvil lleno de combustible. ¿Te preocupas igual por mantenerte lleno de buenos pensamientos y buenos sentimientos?

Sólo puedes avanzar en la dirección que quieres en la vida si tienes el combustible adecuado y en cantidad suficiente.

Todos los días recibes miles de mensajes del Universo. Aprende a estar consciente de esta comunicación del Universo que te está hablando y guiando en cada momento. No hay accidentes ni coincidencias. Cada señal que ves, cada palabra que oyes, cada color, cada aroma, cada sonido, cada hecho y situación es el Universo que te está hablando, y tú eres el único que conoce su relevancia para ti y lo que la comunicación está diciendo.

¡Usa tus ojos para ver! ¡Usa tus oídos para oír! ¡Usa todos tus sentidos porque estás recibiendo comunicación a través de todos ellos!

Acordarte de acordarte significa que te acuerdes de estar alerta. Acuérdate de estar alerta ahora, en *este* instante. Estar alerta es observar todo lo que te rodea, oír todo lo que te rodea, sentir todo lo que te rodea y mantenerte completamente enfocado en lo que estás haciendo en este instante.

La mayoría de las personas atraen lo que no quieren porque no están concientes de que están oyendo los pensamientos que habitan en su mente acerca del pasado y del futuro. Ni siquiera se percatan de que esos pensamientos están hipnotizando a los que están viviendo su vida inconscientemente.

Cuando te acuerdas de estar alerta, enseguida te pones alerta. ¡Sólo tienes que acordarte de acordarte!

Desear algo está en concordancia con la ley. Atraes lo que deseas. Necesitar algo es hacer mal uso de la ley. No puedes atraer lo que *necesitas* si sientes que lo necesitas con urgencia o desesperación, porque esa emoción contiene miedo. Ese tipo de "necesidad" mantiene las cosas alejadas.

Deséalo todo. No necesites nada.

Día 270

Para crear:

Paso 1: *Pide.* Eso significa tener muy claro lo que quieres, pensándolo en todos sus detalles. Recuerda que en el momento en que pides lo que quieres, ya existe en el mundo espiritual. Pedirlo es el paso activo de la creación.

Paso 2: *Cree.* Eso significa que debes saber dentro de ti que lo que pediste es tuyo inmediatamente. Creerlo provee los medios para que tu deseo pase del mundo espiritual al mundo material. Creer es el paso pasivo de la creación.

Paso 3: *Recibe.* Si crees que ya has recibido, entonces lo recibes. Recibir es el tercer paso de la creación y es el resultado de unir el paso activo con el pasivo, lo cual forma una creación perfecta.

La creación es idéntica a una batería. El positivo es activo. El negativo es pasivo. Conecta perfectamente los dos y obtienes energía.

La felicidad es un estado del ser y proviene de tu interior. Por la ley de atracción debes convertirte dentro de ti en lo que quieres en el exterior.

O estás eligiendo ser feliz ahora o estás inventando excusas para no elegir ser feliz. ¡Pero la ley no acepta excusas!

"No recibimos sabiduría; la debemos descubrir nosotros mismos después de una jornada que nadie puede hacer por nosotros ni evitar que la hagamos".

Marcel Proust (1871–1922)

En Busca del Tiempo Perdido

No podemos ver todo en nuestro futuro, pero el poder supremo del Universo puede ver todas las posibilidades. En términos de relaciones, puedes estar convencido de que alguien es perfecto para ti cuando en realidad no lo es. Puedes estar pidiendo tener una relación armoniosa, feliz y amorosa con una persona en particular, pero si el Universo ve que no vas a poder tener una relación feliz con esa persona, no la atraerá hacia ti.

Pide una relación armoniosa, feliz y amorosa y deja que el Universo te traiga tu pareja perfecta, cualquiera que sea.

La manera más rápida de convertirte en el amo de tus pensamientos y emociones es a través de situaciones desafiantes. Si tu vida marcha razonablemente tranquila, no existen las mismas oportunidades de que tu poder se fortalezca y de convertirte en el amo de tus pensamientos y emociones.

Es que incluso los desafíos son hermosas oportunidades ocultas.

Cuando dejes de ser esclavo de tus emociones y pensamientos – cuando ya no te dominen sin tu consentimiento – te habrás convertido en el amo de tu propio ser y toda tu vida en el mundo exterior se transformará. Serás el amo de la ley, de ti mismo y de tu vida.

Día 276

Para emplear el poder del bienestar mediante la visualización, cada vez que respires imagina que estás respirando energía pura, blanca y luminosa. Imagina tu cuerpo llenándose de esta hermosa, pura, luminosa energía, y observa cómo enciende, una por una, todas las células de tu cuerpo hasta que su interior y su exterior se iluminan e irradian como una estrella brillante.

Somos un microcosmos exacto – o una mini-versión – del Universo y, cuando nos conocemos, conocemos el Universo entero.

"Conócete a ti mismo", dijo Platón.

Día 278

Lo más hermoso de todo es que todos los días, en cada situación, podemos ver cómo nos va. Nuestro mundo y nuestra vida nos devuelven continuamente información sobre nuestro campo energético, y cuando empezamos a construir un nuevo campo energético (mediante buenos pensamientos y sentimientos) los cambios que ocurren a nuestro alrededor no son menos que espectaculares.

Vale la pena cada paso y cada esfuerzo porque no hay nada mejor que vivir en armonía con el Universo.

Día 279

"La mayoría de las personas – ya sea física, intelectual o moralmente – viven en un círculo muy restringido de su potencial. Utilizan una porción muy pequeña de su posible conciencia y de los recursos de su alma en general, de manera muy similar a un hombre que, de todo su organismo, debe habituarse sólo a usar y mover su dedo meñique. Las grandes emergencias y crisis nos muestran que nuestros recursos vitales son muy superiores a lo que suponíamos".

William James (1842–1910)

AS ABOVE SO BELOW AS WITHIN SO WITHOUT

La razón por la que todo tu poder existe "ahora" es que "ahora" es el único momento en que puedes tener nuevos pensamientos y nuevos sentimientos. No es posible adelantarnos y pensar algo que va a ocurrir dentro de treinta segundos o sentir algo de hace dos horas. Sólo podemos pensar AHORA. Sólo podemos sentir AHORA. Por eso es ahora mismo que estás en tu más alto nivel de poder.

¡El resto de tu vida te espera!

Los cambios en un país comienzan con una persona. Cada país refleja la paz o turbulencia interior de toda su población, por lo cual cuando una persona cambia, el resto de la población se ve afectada. Una persona lleva dentro el poder de traer cambios masivos a su país mediante el inmenso amor y paz en su interior. Pero no puedes traer paz y bienestar a tu país a menos que los hayas conquistado en tu propia vida. ¿Comprendes? No puedes dar lo que no tienes.

La tarea de cada persona es traer absoluta armonía a su vida para convertirse en el mayor regalo humano para su país y el mundo.

Nadie está destinado a llevar una vida de pobreza porque cada uno de nosotros tiene la capacidad de cambiar su vida. La ley de atracción es la ley de creación y le permite a cada persona crear la vida que quiere. Cada persona tiene sus propias circunstancias que superar, pero tiene también la oportunidad de lograr cualquier cosa y cambiarlo todo.

El futuro se crea mediante nuestros pensamientos, palabras y acciones. El futuro es la cosecha de semillas que sembramos en el pasado, sean buenas o malas. Cada pensamiento que tenemos, cada palabra que decimos y cada acción que tomamos es una semilla que cosecharemos en el futuro.

Para crear un futuro hermoso, haz que el mayor número de tus pensamientos sea lo más positivo posible, habla palabras buenas y gentiles, y asegúrate de que tus acciones vengan de la bondad.

Tu futuro depende de ello.

Para atraer lo que deseas en tu vida, no tienes que averiguar CÓMO te llegará. Tu tarea es pedirle al Universo, concentrarte en el resultado, imaginar que ya lo tienes, creer que ya lo tienes y dar gracias por tenerlo.

Haz tu trabajo haciendo vibrar tu deseo, y permítele al Universo hacer el suyo trayéndotelo.

Viviendo en el poder, el amor y la alegría de tu propio ser elevarás el ánimo de millones de personas.

Sigue tu propio camino. Sigue tu propia verdad. Sigue tu propio corazón. Sigue tu propia dicha interior y deja que cada persona siga la suya, cualquiera que sea. Busca el bien en todo y en todos y deja que tu alegría irradie hacia el mundo cada día.

"La gratitud no es solamente la mayor de las virtudes, sino la raíz de las demás".

Marco Tulio Cicerón (106–43 AC)

Día 287

El estado actual de nuestro planeta no es más que un espejo que refleja la mentalidad masiva de la humanidad. La discordia que ves en el planeta es un reflejo de la discordia que los seres humanos llevan dentro. El vínculo entre nuestro planeta y la humanidad es una conexión que no puede romperse. El mundo cambiará y nuestro planeta cambiará a medida que cada ser humano cambie en su interior.

Un solo ser humano inspira a muchos otros, esos otros inspiran a miles, esos miles inspiran a millones, esos millones inspiran a miles de millones, y es así cómo traemos armonía a nuestro planeta Tierra.

Día 288

No basta con conocer los principios de El Secreto: hay que REALIZARLOS incesantemente, día a día. Tienes que VIVIR los principios. Paso a paso te convertirás en el amo de tus pensamientos y sentimientos, y en el amo de tu vida.

No hay nada más importante que esto porque todo tu futuro depende de ti.

Pregúntate si en un día tienes más pensamientos positivos que negativos. Pregúntate si en un día dices más palabras de bondad, aprecio, amabilidad, gratitud y amor que palabras negativas. Pregúntate si en un día realizas más acciones basadas en la bondad, el aprecio, la amabilidad, la gratitud y el amor que otras acciones.

En cada momento de tu día hay dos caminos delante de ti. Toma el camino de la bondad, por favor.

Día 290

Si alguien te dice algo negativo, no reacciones. Tienes que llegar al punto en que seas capaz de mantenerte tranquilo y en paz por dentro, no importa qué situaciones negativas ocurran en el mundo exterior.

Cuando seas capaz de mantener paz y alegría en tu interior independientemente de lo que ocurra en el exterior te habrás convertido en el amo de todo.

Día 291

¿No te parece fenomenal saber que no puedes controlar el mundo desde afuera? Intentar controlar cosas en el exterior parece imposible porque costaría tanto trabajo y de hecho resulta imposible, según la ley de atracción.

Para cambiar tu mundo lo único que tienes que hacer es administrar tus pensamientos y sentimientos dentro de ti y entonces todo tu mundo cambiará.

Recuerda, si andas criticando, no estás siendo agradecido. Si andas culpando, no estás siendo agradecido. Si andas quejándote, no estás siendo agradecido. Si andas con tensión, no estás siendo agradecido. Si andas de prisa, no estás siendo agradecido. Si andas de mal humor, no estás siendo agradecido.

La gratitud puede transformar tu vida. ¿Estás permitiendo que cosas menores se interpongan en el camino de tu transformación y de la vida que mereces?

Día 293

"Cualquier cosa que seas o que haya ocurrido, simplemente alégrate. Alégrate por estar aquí. Estás en un mundo bello, y todo lo bello se puede encontrar en este mundo... Simplemente alégrate y estarás siempre contento. Tendrás siempre mejores razones para alegrarte. Tendrás más y más cosas que te alegren. Porque grande es el poder de la luz del sol, especialmente la luz humana del sol. Es capaz de cambiar cualquier cosa, transformar cualquier cosa, rehacer cualquier cosa y lograr que cualquier cosa sea igualmente hermosa. Simplemente alégrate y tu destino cambiará; comenzará una nueva vida y un nuevo amanecer aparecerá en tu futuro".

Christian D. Larson (1874–1962)

Simplemente Alégrate

La gratitud es una de las maneras más fáciles y poderosas de cambiar tu vida. Si te vuelves realmente agradecido, atraerás todo lo que necesitas, dondequiera que vayas y en todo lo que hagas. Es más, sin gratitud nada podrá cambiar nunca. Tu vida cambiará en la medida en que practiques la gratitud y comiences a *sentirte* agradecido. Si te sientes nada más que un poco agradecido, tu vida cambiará un poco. Si te sientes muy agradecido, tu vida cambiará mucho. Todo depende de ti.

Día 295

Es posible estar alegre y feliz la mayor parte del tiempo. Observa no más a los niños pequeños y su alegría natural. Puedes decir que los niños son libres y no tienen por qué preocuparse, ¡pero tú también eres libre! Eres libre para optar por preocuparte o estar contento, y cualquier cosa que escojas será exactamente lo que atraigas. La preocupación atrae más preocupaciones. La alegría atrae más alegría.

Día 296

La manera más poderosa en que los padres pueden ayudar a sus hijos a ser positivos es siendo un ejemplo de positivismo y amándose a sí mismos. Según un padre se concentre en ser de esa manera, sus hijos absorberán igualmente ese positivismo.

A medida que nos volvemos más y más positivos y más y más alegres, nuestro ejemplo levantará el ánimo de todos los que nos rodean.

Las frecuencias negativas no contienen nada bueno. Muévete hacia las frecuencias positivas en las que están tus deseos. Para lograrlo, observa cada cosa en tu vida con OJOS NUEVOS: ojos agradecidos, ojos positivos, ojos que sólo ven lo bueno.

Ajusta tu visión y empieza a ver con claridad. La vida es espectacularmente bella.

Chequea continuamente cómo te sientes a lo largo del día. Chequea cómo se siente tu cuerpo y asegúrate de que esté relajado. Si detectas alguna tensión, concéntrate un minuto en desconectar y relajar todo tu cuerpo. Tu objetivo es sentir paz en tu cuerpo y en tu mente porque esa frecuencia te pone en armonía con el Universo.

Día 299

¿Ya programaste tus intenciones para el día de hoy o vas a dejar que los pensamientos de ayer gobiernen el día de hoy? Estas palabras te ayudarán a empezar.

Todo lo Bueno me llegará hoy.

Todas mis deseos se cumplirán hoy.

La magia y los milagros me seguirán adondequiera hoy.

¡Que tengas el mejor día de tu vida!

"Los hombres no son prisioneros del destino, sólo son prisioneros de sus propias mentes".

Franklin D. Roosevelt (1882–1945)

Cuando una familia crea una pantalla visual es importante que cada miembro de la familia *quiera* participar. Debe ser algo divertido para todos. Cada miembro de la familia puede entonces decidir lo que quiere poner en la pantalla, sin límites ni restricciones. Los dibujos, las figuras recortadas y las palabras son fenomenales. Los más entusiasmados se concentrarán en la pantalla todos lo días y serán quienes lograrán incorporar a sus vidas las cosas que aparecen en la pantalla. Mientras más energía pongan, más pronto se cumplirán las cosas.

Un corazón enardecido de entusiasmo y pasión tiene un enorme poder magnético.

Somos lo suficientemente inteligentes para cambiar nuestro viejo automóvil cuando ya no cumple su propósito. Entregamos el automóvil viejo, tomamos posesión de un modelo más nuevo y seguimos el viaje.

La mayor parte de tu persona es también lo suficientemente inteligente para cambiar el vehículo de tu cuerpo cuando ya no está cumpliendo su propósito. Obtén un modelo mejor y más nuevo y sigue el viaje en su nuevo vehículo. Los cuerpos humanos y los automóviles son vehículos, y tú eres el chofer eterno.

La energía no se crea ni se destruye, solamente se transforma.

Piensa en todas las cosas buenas de tu vida. Y ahora date cuenta de que tú trajiste todo eso a tu vida. Tus pensamientos y sentimientos movieron las energías del Universo para traerte todas esas cosas buenas.

Eres un ser poderoso.

Tratar de cambiar a alguien es una pérdida de tiempo. La mera idea de cambiar a alguien equivale a decir que no es lo suficientemente bueno, lo cual es algo lleno de prejuicio y desaprobación. Ése no es un pensamiento de aprecio o de amor y sólo traerá distanciamiento entre esa persona y tú.

Debes buscar lo bueno en las personas para que siga surgiendo. Cuando busques sólo lo bueno en una persona, te sorprenderás de lo que revela tu nuevo enfoque.

Eres el responsable de tu frecuencia, pues son tus pensamientos, palabras, sentimientos y acciones los que la determinan. Cuando piensas, hablas y actúas con elevados pensamientos de amor, compasión y bondad, tu frecuencia se eleva más y más. Tu verdadera tarea en la vida es seguir elevando tu frecuencia. Es lo más importante, porque *todo* en tu vida te llega como resultado de la frecuencia en que estás. ¡Todo!

Día 306

"No hay nada bueno ni malo; es el pensamiento lo que lo determina".

William Shakespeare (1564–1616)

Hamlet

Pon en claro exactamente lo que quieres. Entonces imagina e inventa juegos en los que simulas que ya lo tienes. Cuando estés fingiendo que ya tienes lo que quieres, préstale atención a tus sentimientos. Cuando los niños inventan, su imaginación es tan fuerte que automáticamente se produce una conexión con sus sentimientos. Observa a los niños jugar y aprenderás a utilizar la ley del Universo a tu favor.

Recuerda, la ley de atracción no sabe si estás simulando algo o si es real, así que cuando estás simulando, debes sentirte como si fuera real. Cuando tu simulación empieza a sentirse como algo real, entonces sabrás que estás logrando atraer lo que deseas a tu realidad.

Para magnetizar los elementos de una vida más feliz, debes convertirte en un imán de felicidad. La felicidad atrae felicidad. Para ser un imán de felicidad hay que sentirse feliz, tener pensamientos felices y tratar a los demás con felicidad. Para llenarte intensamente de felicidad, haz lo posible para hacer felices a los demás.

Día 310

Todo lo que resistas persistirá, lo cual significa que estás invitando lo que apasionadamente no quieres. Pon el poder de tus apasionadas emociones en lo que *sí* quieres y atráelo hacia ti.

Concentrarse es crear. Concentrarse con emoción es crear poderosamente.

La mayoría de las personas no se dan cuenta de cuánta pasión ponen en lo que *no* quieren. Cuando hablas con un amigo y le cuentas tu "horrible" situación, estás poniendo pasión en lo que no quieres. Cuando reaccionas negativamente a un hecho comentando que es algo "terrible", estás poniendo pasión en lo que no quieres.

Eres un ser hermoso y apasionado, así que asegúrate de orientar sabiamente tu pasión.

Trabajas en sociedad con la ley de atracción y es a través de esa asociación que estás creando *tu* vida. El resto de las personas también están asociadas con la ley de atracción y están creando *sus* propias vidas. Esto significa que no puedes usar la ley contra el libre albedrío de otra persona. Si lo intentas, estarás corriendo el grave riesgo de atraer hacia ti la falta de libertad.

No puedes usar la ley de atracción contra la libre voluntad de otra persona. Si lo piensas detenidamente, y en particular en lo que atañe a las relaciones de pareja, sólo puedes llegar a una conclusión: es una bendición que la ley opere de esta manera. Si no fuera así, entonces una persona podría decidir que tú eres el amor de su vida y aplicarte la ley. Pero nadie puede hacer eso, como tampoco tú puedes hacerlo.

Día 314

Cada buen pensamiento que tienes, cada buena palabra que dices, cada nueva emoción que sientes y cada acto de bondad que realizas está elevando la frecuencia de tu ser a nuevos niveles. Y al comenzar a elevar tu frecuencia, una nueva vida y un mundo nuevo te son revelados. Emitirás fuerzas positivas de energía en todo el planeta Tierra que le llegará a cada ser que viva en él.

Te elevarás y, al elevarte, elevas el mundo entero.

Día 315

Somos seres humanos en permanente evolución y nuestra frecuencia va cambiando a medida que crecemos. El final de una relación entre dos personas es el *resultado* de ya no estar en la misma frecuencia. Cuando las frecuencias de dos personas ya no coinciden la ley de la atracción automáticamente responde y los separa. Cambiar de frecuencia es crecer, crecer es vivir y la vida es pura bondad.

¿En qué piensas cuando abres las cortinas por la mañana y cuando las cierras por la noche? ¿En qué piensas cuando te pones los zapatos y cuando te los quitas al final del día? Utiliza el poder del Universo cuando realizas estas cuatro acciones y di con todo tu corazón:

"¡Gracias por un día increíble!".

Adondequiera que vayas puedes poner en movimiento fuerzas positivas delante de ti, pero tienes que pensar con anticipación para lograrlo. Antes de hacer nada, piensa anticipadamente e imagínate a ti mismo después de completar la acción, feliz y habiéndolo logrado sin esfuerzo. Ahora puedes ponerte en movimiento.

Las fuerzas positivas están a tu servicio y disposición, pero tienes que prepararlas.

Día 318

¡Haz que tu mente haga lo que *tú* quieres! Si estás realmente dispuesto a erradicar los pensamientos negativos y cambiar tu vida, entonces aquí tienes un procedimiento fácil para lograrlo. Haz una lista todos los días de cien cosas por las que estás agradecido. Al hacer esto, estás asumiendo el control de tu mente y *obligándola a tener buenos pensamientos.* Si haces esto todos los días, estarás asumiendo el control de tus pensamientos.

Comprométete a controlar tus sentimientos. Cuando obtengas el control de tu mente, serás tu propio amo.

Cada vez que entres en un automóvil no olvides tomar un par de segundos para verte arribando a tu destino en buen estado y feliz. Independientemente del tipo de viaje que sea o el medio de transporte que utilices, usa el poder del Universo a través de tus intenciones y crea un hermoso viaje seguro.

Día 320

El proceso de creación es muy sencillo y, si te resulta difícil, es simplemente porque no crees. Recuerda, ¡tienes que creer para verlo! Esto puede ser complicado si la mayor parte de tu vida sólo has creído las cosas solamente cuando las has visto. Tienes que re-entrenar tu mente. Tienes que creer en lo que no ves. Esa creencia es EL canal a través del cual lo que no ves se convierte en lo que ves.

Día 321

"La alegría no está en las cosas, sino en nosotros".

Wilhelm Richard Wagner (1813–1883)

Crea pantallas visuales con los niños y enséñales a jugar el juego de la visualización. Diles que tienen que imaginar que ya tienen lo que han puesto en la pantalla. Los niños tienen una imaginación tan maravillosa que la simulación les resulta algo natural y se convertirán en una gran inspiración para ti.

"Sé como un niño pequeño y simula", palabras verdaderas que se pronunciaron hace dos mil años.

Nadie puede impactarte con sus pensamientos negativos si no estás en una frecuencia negativa. Tú estableces tu propia frecuencia mediante tus pensamientos y sentimientos y, mientras mejor te sientas, más alta será tu frecuencia positiva y más elevados serán los pensamientos a los que tendrás acceso. Los pensamientos negativos de otras personas no te pueden llegar.

Día 324

Para dominar el hábito de *creer*, lo único que tienes que hacer es inclinar la balanza de tus pensamientos, palabras y acciones del plano de "no creer" a *creer*. Lo ÚNICO que puede interponerse en el camino de la manifestación de tu deseo es tener más pensamientos de "no creer", decir más palabras de "no creer" y realizar más acciones de "no creer" que de *creer*.

Basa la mayoría de tus pensamientos, palabras y acciones en el hábito de *creer*, y la ley de atracción deberá obedecerte.

"Dale a cada persona más en valor de uso que el que recibes de ella en valor monetario".

Wallace Wattles (1860–1911)

La Ciencia de Hacerse Rico

Recuerda esto y *nunca* recibas dinero de nadie sin entregarle *más* valor de uso que el dinero que recibes. En la vida de las personas ésta es una de las causa principales de la falta de dinero, los fracasos laborales y los negocios fracasados. Entrega *más* valor que el dinero que recibes: en tu trabajo, en tus negocios y en cada parte de tu vida.

¿Has sentido gratitud hoy por la naturaleza?

Hoy ni ningún otro día estarías vivo si no fuera porque la naturaleza te está dando constantemente. La naturaleza te da ilimitados recursos de aire para que puedas respirar y produce agua suficiente para satisfacer las necesidades del planeta y mantenerte vivo. Y nadie podría vivir sin las fuerzas productoras de vida del sol.

¡Eso es dar en estado puro! ¿Cómo puede alguien pensar que no es amado?

Al defenderte de algo en la vida, atraes exactamente lo que no quieres. Defenderse es enfocarse en el problema y la defensa atrae más defensa. Sé creativo, en cambio, y enfoca toda tu energía en el resultado que deseas. Crear es enfocarse en las soluciones.

Sé creativo, no defensivo. Enfócate en las soluciones, no en los problemas.

"Creo que el hombre que sabe cómo usar la fuerza del pensamiento puede convertirse prácticamente en lo que desea.

"Creo que no sólo nuestro cuerpo está sujeto al control de la mente sino que también podemos cambiar nuestro entorno, la 'suerte' y la circunstancia haciendo que el pensamiento positivo ocupe el lugar del negativo. Sé que la actitud de 'Puedo hacerlo y lo haré' conducirá a éxitos que le parecerán milagrosos al hombre que vive en el plano de 'No puedo hacerlo'".

William Walker Atkinson (1862–1932)

Mi Credo de Trabajo

Tu vida es un proceso de aprendizaje; sólo puedes hacerte más sabio aprendiendo. A veces es posible que atraigas un error doloroso para aprender algo importante, pero después del error tendrás mucha más sabiduría. La sabiduría no puede comprarse con dinero; sólo puede adquirirse viviendo la vida. Con la sabiduría vienen la fuerza, el coraje, el conocimiento y una paz cada vez mayor.

Si no hubiera amor en ti, no podrías vivir ni existir como un ser humano. Si eliminaras una a una todas las capas que te envuelven, te quedarías con una eterna luz de conciencia hecha de puro amor.

La jornada de tu vida conlleva deshacerse de esas capas hasta llegar al núcleo de tu propio ser, donde habita un amor absoluto.

Independientemente de lo que piensas, cada día que pasa te superas más y más. Ningún ser humano puede avanzar hacia atrás. Sólo puedes ir hacia adelante y hacia arriba.

Incluso cuando sientes que las cosas no están mejorando, acuérdate que hoy eres mucho mejor que lo que eras ayer.

Cuando te enfrentes a un reto que parezca traer un cambio negativo a tu vida, recuerda que cada cosa que ocurre es en definitiva por el bien de cada uno. Lo importante no es lo que ocurre sino lo que hacemos con esa oportunidad y cómo decidimos verla.

El Universo tiene que eliminar cosas para introducir más y mejores cosas importantes. ¡Date cuenta de que este cambio está ocurriendo porque algo fantástico se aproxima!

"Soy capaz de triunfar en cualquier cosa que decido hacer".

Ésta es la verdad absoluta pero la cuestión es: ¿*tú* lo crees?

El amor puro no tiene condiciones ni límites. El amor no se frena ni se contiene. El amor da constantemente y no pide nada a cambio. El amor es una corriente continua y sin límites. Y todo este amor lo llevas dentro.

"Estoy aún resuelta a estar alegre y feliz en cualquier situación que esté, pues también he aprendido por experiencia que la mayor parte de nuestra felicidad o tristeza depende de nuestra disposición y no de nuestras circunstancias".

Martha Washington (1732–1802)

Decídete a expresar verbalmente al menos una palabra de aprecio a *cada* persona con la que tengas contacto hoy. Mientras más personas veas, mejor. Observa cómo te sientes al comienzo del día y luego nota especialmente lo fenomenal que te sientes al final del día.

Escoge un día de la semana como tu día de aprecio y repite sin falta la rutina mencionada arriba ese día de cada semana. ¡Y entonces observa lo que te ocurre!

Todo ser humano en el planeta quiere ser feliz. Cualquier cosa que una persona desea es porque cree que ese deseo va a hacerla feliz. Sea salud, dinero, amor, cosas materiales, logros, un trabajo o cualquier cosa en general, el deseo de ser feliz está detrás de todo. Pero recuerda que la felicidad es un estado interior y que algo exterior sólo puede traernos una felicidad pasajera porque las cosas materiales no son permanentes.

La felicidad permanente viene de tu decisión de ser permanentemente feliz. Cuando decides ser feliz, entonces atraes todas las cosas felices. Las cosas felices son el adorno del pastel, pero el pastel es la felicidad.

Día 338

Si tienes un problema con un miembro de la familia que es negativo, haz una lista de las cosas que aprecias en esa persona. Recuerda incluir gratitud por provocarte el gran deseo de ser positivo en tu vida, porque ése es un regalo que estás recibiendo. Al enfocarte con toda tu fuerza en ser agradecido, no sólo estarás exponiéndote menos a la negatividad, sino que a la vez estarás atrayendo gente positiva a tu vida.

Instálate en la frecuencia de la gratitud y la ley de atracción puede rodearte solamente con gente en estado positivo.

Si quieres ayudar a alguien que tiene problemas de salud, hay algo poderoso que puedes hacer. Visualiza en tu mente a esa persona sintiéndose fuerte, feliz y saludable. Para lograr esto con efectividad crea una escena en tu mente que te incluya a ti y a esa persona y agrega el mayor número de detalles posible. Imagina lo que están hablando y observa a la persona hacer cosas que sólo una persona saludable y feliz puede hacer. Repasa la escena una y otra vez y siente profundamente tu visualización como si la estuvieras viviendo en realidad.

Aunque esa persona está creando su propia vida, este proceso puede ayudarla enormemente.

Día 340

Ten fe en el Poder Infinito que trabaja a través de ti. Es un poder puro y positivo que puedes dirigir hacia donde quieras mediante la concentración de tu mente. Sin embargo, tienes que estar sincronizado con este Poder Infinito, lo cual significa que tu concentración tiene que estar orientada hacia lo positivo. Cuando te concentras en lo negativo te desconectas de ese Poder Infinito.

Existe sólo Un Poder Infinito y puede usarse solamente para lo que es bueno y positivo.

Hay una presencia dentro de ti. Es la fuerza de vida que te sopló el primer aliento al nacer. Es la fuerza de vida que está respirándote ahora. Es una presencia de armonía, paz y amor increíbles y está dentro de ti. Para conectarte y sentir esa presencia de vida, haz una pausa, cierra los ojos, relájate, deja ir tus pensamientos y concéntrate profundamente un par de minutos en el interior de tu cuerpo.

Mientras más veces hagas este ejercicio, más se manifestará dentro de ti la presencia de pura armonía, paz y amor.

Día 342

"Para promover el más alto desarrollo de la mente y el alma, es indispensable tener una disposición alegre. Mientras más alegre, contenta y benigna sea la disposición, más fácil y rápido será el desarrollo del talento. Es una verdad literal que una disposición alegre es para la mente lo que un día soleado es para las flores del campo".

Christian D. Larson (1874–1962)

La Grandeza Interior

¿Qué ocurriría si quisieras atraer amor y ser totalmente feliz? Sin embargo, entonces te enredas en los detalles de QUIÉN será y piensas que una persona en particular es la respuesta para tu relación perfecta. El Universo puede ver el futuro y sabe si esa persona en particular cumplirá tu sueño o se convertirá en una pesadilla. Cuando alguien no corresponde a tu amor, podrías pensar que la ley no funciona. Pero sí funciona. Tu deseo más *grande* es atraer amor y ser totalmente feliz, y el Universo te dice: "No es él o no es ella, y por favor apártate del camino que estoy tratando de enviarte a la persona perfecta para ti".

Ten mucho cuidado de no enredarte en las cuestiones de "quién", "dónde", "cuándo" o "cómo", porque podrías estar impidiendo que te llegue tu verdadero deseo.

Eres responsable de tu propia vida y, cuando asumes la responsabilidad de todos tus errores pasados sin sentirte culpable, estás demostrando que has cambiado tu conciencia y que estás consciente de la verdad de tu vida y la ley de atracción. Desde esta nueva conciencia atraerás automáticamente la vida que mereces.

Día 345

La mayoría de las personas sólo piensan en pedir por su salud cuando no la tienen, pero puedes proponerte una salud estupenda en todo momento. Usa el poder de tu intención cada día y visualízate saludable y en buen estado.

Concibe buena salud para ti y para los demás.

Creas tu propio futuro con el poder de tu intención. La intención es simplemente el acto consciente de determinar tu futuro ahora. La salud, la armonía en las relaciones, la felicidad, el dinero, la creatividad y el amor te llegarán en el futuro basados en tus intenciones actuales.

Plantéate tus intenciones cada día y crea tu vida futura.

Cuando lees el libro *El Secreto* o ves la película *El Secreto,* puedes captar en tu mente sólo el conocimiento que está en tu misma frecuencia en ese momento. La próxima vez que leas el libro o veas la película, puedes captar mucho, mucho más. Y este proceso nunca se detiene. Continuarás descubriendo algo nuevo cada vez que lo hagas y los principios se harán más y más claros. Esto se debe a que tu conciencia se expande *en cada ocasión.*

Hoy sé agradecido. Sé agradecido por tu música favorita, las películas que te hacen sentir bien, el teléfono que te conecta con la gente, la computadora, la electricidad que ilumina tu vida. Sé agradecido por los aviones que te llevan adondequiera. Sé agradecido por las calles y los semáforos que mantienen el tráfico en orden. Sé agradecido por los constructores de puentes. Sé agradecido por tu mascota, tu hijo, tus seres queridos, tus ojos, que te permiten leer esto. Sé agradecido por tu imaginación. Sé agradecido porque puedes pensar. Sé agradecido porque puedes hablar. Sé agradecido porque puedes reír y sonreír. Sé agradecido porque puedes respirar. ¡Sé agradecido porque estás vivo! ¡Sé agradecido por ser quien eres!

Sé agradecido porque hay una palabra que puede cambiar tu vida.

¡Gracias! ¡Gracias! ¡Gracias!

"No hay deber más obligatorio que la devolución de la bondad".

Marco Tulio Cicerón (106–43 AC)

La ley es exacta, precisa y nunca falla, de modo que cuando parece que no funciona, puedes estar seguro de que no es la ley la que está fallando. El error sólo puede ser de la persona que la usa. ¡Ésta es una noticia estupenda! ¿No tomó práctica caminar? ¿No tomó práctica conducir? Con práctica pudiste caminar y con práctica pudiste conducir.

¡La práctica es lo único que se interpone entre tú y todo lo demás!

El Juego de la Vida es crear poderosas maneras de creer para poder recibir. Cualquier cosa grande que pidas, considera celebrar *ahora* como si ya la hubieras recibido.

Día 352

No hay excusa para no dedicarle dos minutos hoy a preparar tu día mañana.

Sé creativo y toma acciones poderosas acordes con lo que deseas. Si quieres atraer a la pareja perfecta, haz espacio en tu clóset. Si quieres atraer una nueva casa, pon orden en tu casa actual para que esté lista para una mudanza. Si quieres irte de viaje, saca tus valijas, rodéate de fotos del lugar adonde vas y visualízate en las fotos.

Piensa lo que harías si se cumpliera tu deseo y entonces toma acciones creativas que dejen claro que lo estás recibiendo ya.

Gracias. Gracias. Gracias. Gracias. Gracias. Gracias. Gracias.

Para mejorar inmediatamente cualquier día, di y siente "Gracias" siete veces consecutivas.

La ley de atracción es precisa y, si no obtienes los resultados que deseas, es porque no la estás usando correctamente; en vez de traer lo que deseas, estás creando el *no* traer lo que deseas. Pero en ambos casos estás creando.

La ley es infalible y está siempre respondiéndote.

"Todo lo que vemos es una sombra producida por lo que no vemos".

Dr. Martin Luther King Jr.

(1929–1968)

La Medida del Hombre

Día 357

Toma los siete días de la semana y cambia toda tu vida usando poderosamente la ley de atracción. Si quieres, comienza con un día cualquiera y convierte ese día cada semana en un hábito antes de agregar otro día. Haz lo que te funcione mejor, pues lo más importante es que *lo hagas*.

Lunes de Buenos Pensamientos

El lunes es el día de la semana que has escogido para tener sólo buenos pensamientos. Buenos pensamientos para ti y para los demás. No le prestes atención a nada que no produzca buenos pensamientos. Al comenzar el día, invoca y determina con toda tu voluntad lo siguiente: *"Hoy he tenido miles de pensamientos positivos"*. Los seres humanos tenemos un promedio de más de 50,000 pensamientos al día, de modo que tienes 50,000 oportunidades de tener pensamientos positivos.

Martes del Agradecimiento

El martes es el día de la semana para *agradecer, agradecer, agradecer*. Agradece el clima, tu ropa, tus medios de transporte, los grandes inventos, tu hogar, tus alimentos, tu cama, tu familia, tus compañeros de trabajo, la persona que te ayuda, tu salud, tu cuerpo, tus ojos, tus oídos y todos tus sentidos. Agradece especialmente los grandes momentos de tu pasado y los grandes momentos del futuro. Y finalmente, ¡agradece que cada Martes del Agradecimiento estás creando una vida increíble!

Miércoles de Buenas Acciones

El miércoles es tu día de llenar la cuenta del Banco del Universo con buenas acciones. Estimula a los que te rodean. Da bondad. Dales buenas palabras a los que les hables. Deja una propina mayor que de costumbre. Regálale algo a alguien sin razón alguna. Ábrele la puerta a los demás. Págale el café o el almuerzo a alguien. Elogia a la gente. Sonríele a todos. Exprésales un interés genuino a quienes te asisten este día. Préstales atención exclusiva a tus seres cercanos. Sé bondadoso con los demás choferes. Dale el asiento a otros. Busca oportunidades para realizar buenas acciones y la ley de atracción llenará de abundancia tu Miércoles de Buenas Acciones.

Cuando des lo mejor de ti a los Miércoles de Buenas Acciones, el Universo responderá y se convertirá en tu mejor día de la semana.

Jueves de Decir Gracias

El jueves es tu día de decir sentidamente "Gracias" de todas las maneras posibles. Haz una lista de las personas y hechos a los que quieres darles las gracias. Dales las gracias a quienes hayan hecho algo por ti. Cuando vayas caminando, di "Gracias" en tu mente con cada paso que des. Cuando conduzcas, usa cada parada que hagas como una señal para decir "Gracias". En varios momentos del día, piensa y siente "Gracias" siete veces consecutivas. Busca todas las oportunidades posibles para decirles "Gracias" a los demás, y dilo con una convicción y sentimiento tal que la persona te mire directamente a los ojos. Di "Gracias" todo el jueves y haz que ése sea tu pensamiento, sentimiento y palabra predominante todo el día.

"Gracias": una palabra, un poder potencial inconcebible, y lo único que necesita es que *tú* le des poder al expresarla. ¡Gracias!

Viernes de Buenos Sentimientos

El viernes es tu día para utilizar y magnificar todos los buenos sentimientos que llevas dentro.

A medida que transcurra el día, préstale toda tu atención a la manera en que te sientes. Continúa llenándote con más y mejores sentimientos. Para colmarte de buenos sentimientos, dedica el día a hacer las cosas que te hagan sentir bien. Escucha tu canción favorita. Almuerza tu plato preferido. Visita a tu mejor amigo. Haz las cosas que te gustan y te hacen sentir tan bien que te llenas de buenos sentimientos y no puedes dejar de sonreír. Estarás tan inundado de buenos sentimientos que flotarás todo el día.

Día 362

Sábado de Relajarte

El sábado es tu día de sentirte libre como un pájaro, tan libre como cuando eras niño. ¡Juega! ¡Diviértete! Hoy es el día de perseguir sueños y vivirlos.

Haz cosas que te hagan sentir fenomenalmente bien. Haz cosas que te hagan reír. Haz lo que te haga saltar de alegría. Baila, canta, salta y silba durante todo el día. ¡Celebra tu vida hoy! Cuando juegas, ríes y te diviertes, te relajas. Cuando te relajas, te deshaces de toda negatividad. Mientras más relajado estás, más te liberas de la negatividad. ¡El sábado es tu día para relajarte!

Recuerda que la vida es un juego que nunca termina y estarás jugándolo por toda la eternidad.

Domingo de Todo lo Bueno

El domingo haz una pausa para mirar atrás y recordar *todas las cosas buenas* que ocurrieron esta semana. Mira adelante a la semana próxima y observa *todas las cosas buenas*.

Ahora puedes descansar, pues tu creación es perfecta y estás satisfecho de que Todo Es Bueno.

Estás en el sitio perfecto de tu jornada perfecta. Estás justamente donde debes estar porque así lo has decidido tú. Es más, no podrías ser más perfecto que lo que eres ahora.

Día 365

Acerca de Rhonda Byrne

Rhonda comenzó su jornada con la película *El Secreto,* que ha sido vista por millones de personas en todo el planeta. A continuación publicó el libro *El Secreto,* un bestseller global, traducido a 50 idiomas con más de 24 millones de ejemplares impresos en todo el mundo.

El Secreto ha permanecido en la lista de bestsellers del *New York Times* durante 198 semanas y *USA Today* lo nombró como uno de los 20 principales libros mejor vendidos en los últimos 15 años.

Rhonda continuó su tarea innovadora con *El Poder* en 2010 y *La Magia* en 2012, ambos también bestsellers del *New York Times*.